DESCRIPTIONS

DES ARTS

ET MÉTIERS.

———

DESCRIPTIONS
DES ARTS
ET MÉTIERS,

FAITES OU APPROUVÉES

PAR MESSIEURS

DE L'ACADÉMIE ROYALE
DES SCIENCES.

AVEC FIGURES EN TAILLE-DOUCE.

A PARIS,

Chez { SAILLANT & NYON, rue S. Jean de Beauvais;
DESAINT, rue du Foin Saint Jacques.

M. DCC. LXI.
Avec Approbation & Privilége du Roi.

ART
DU
CHANDELIER,

Par M. DUHAMEL DU MONCEAU.

M. DCC. LXIV.

ART
DU CHANDELIER.

Par M. DUHAMEL DU MONCEAU.

On appelle communément *Chandelles* des flambeaux formés de suif & d'une mêche de coton : car on nomme *Bougies* les chandelles de cire ; & les chandelles qui sont faites avec de la résine, ne sont d'usage que dans les Provinces où les bois de Pin sont communs.

La graisse des animaux, qu'on nomme *suif*, quand elle a été fondue & clarifiée, est donc la matiere qui sert principalement à faire les chandelles, & cette raison doit nous engager à commencer par dire quelque chose des différentes graisses. J'aurai seulement l'attention de ne m'étendre sur cette matiere, que le moins qu'il me sera possible.

Entre les graisses des animaux, les unes sont fluides comme les huiles ; d'autres, qui prennent un peu plus de consistance, sont néanmoins incapables d'acquérir une certaine fermeté en se refroidissant ; d'autres sont plus seches ; & par degrés on parvient à en trouver de si seches, qu'elles sont trop cassantes pour être employées seules à la fabrique des chandelles qu'on doit brûler l'hiver.

Les graisses ont donc des qualités différentes suivant l'espece d'animal qui les fournit. Mais dans le même animal on trouve des graisses différentes, suivant les parties d'où on les retire ; & la qualité des graisses varie encore suivant les aliments dont les animaux ont usé. Il ne sera pas hors de propos d'entrer à ce sujet dans quelques détails.

Qualités différentes des Graisses de différents Animaux.

La graisse des Poissons & de la plupart des Oiseaux aquatiques ne se fige pas : elle reste coulante comme de l'huile. Celle de Cheval est très-molle & presque coulante. La graisse de Bœuf prend plus de consistance, néanmoins elle reste fort grasse. Celle de Mouton & de Bouc est la plus seche de toutes celles qui entrent dans le commerce. Elle l'est même trop, puisque les chandelles de pur suif de Mouton sont très-cassantes quand il fait froid. La graisse de Bœuf au contraire est trop molle & trop grasse ; c'est pourquoi on mêle ensemble ces deux graisses pour avoir des chandelles fermes & suffisamment seches, sans être cassantes l'hiver.

Comme dans la fabrique des bonnes chandelles il ne doit entrer que de ces deux especes de graisses, nous ne parlerons pas des fraudes de quelques mauvais Chandeliers qui employent des graisses de moindre prix qu'ils achetent des Ecorcheurs, des Charcutiers, ou cette graisse molle qui se fige sur l'eau où l'on a fait cuire les tripes, & qu'on connoît sous le nom de *petit suif* (¹).

On trouve dans différentes parties d'un même Animal, des Graisses de qualité différente.

CETTE DIFFERENCE est sur-tout très-sensible dans les Porcs. Les moins attentifs ont remarqué que le lard ne ressemble point au sain-doux ; & en y prêtant plus d'attention, on trouveroit dans cet animal 3, 4 ou un plus grand nombre de graisses assez différentes les unes des autres, suivant les parties d'où on les auroit tirées.

Les différences qu'on remarque dans les graisses des Porcs existent, quoique moins sensiblement, dans les autres animaux : par exemple, la graisse qui enveloppe les reins, est ordinairement plus ferme que celle qu'on retire de l'épiploon ou du mésentere, ou d'autour des boyaux qu'on nomme *raties* ; & ces graisses sont assez différentes de celle qui reste attachée aux muscles, & qui se vend avec la viande. Pour les fabriques de chandelles, on n'emploie que la graisse qui enveloppe les reins & celle des intestins qu'on fond ensemble sans distinction. Ainsi on peut se dispenser d'avoir aucun égard aux petites différences que nous venons d'indiquer, & se contenter de distinguer, avec les Chandeliers, deux especes de graisses, celle du Bœuf & celle du Mouton ; bien entendu que, sous la dénomination de *graisse de Bœuf*, on comprend celle de Vache & de Taureau, quoique la graisse de Bœuf soit plus molle que les deux autres ; de même que, sous la dénomination de *graisse de Mouton*, est comprise la graisse des Béliers, des Brebis, même celle des Chevres & des Boucs. On tire des Provinces Méridionales, de la graisse de Bouc qu'on employe pour la Pharmacie.

La nature des aliments influe sur la qualité des Graisses.

ON SAIT que le lard des Porcs nourris de glands, est si sec que les Rotisseurs le trouvent trop cassant pour piquer les viandes fines. Le lard des

---

(¹) Il est ordonné aux Bouchers de fondre séparément le suif de Mouton & celui de Bœuf ; & de tout temps il leur a été défendu de mêler, avec leur suif de Bœuf & de Mouton, aucun sain, oing, flambarts, suif de tripes, ou autres graisses.

ART DU CHANDELIER.

Porcs nourris de grain, est de la meilleure consistance. Mais quand on leur donne pour nourriture des substances huileuses, comme le marc des noix dont on a exprimé l'huile, leur lard est si mol, qu'il en coule une graisse liquide qu'on peut comparer à de l'huile. Cette remarque ne regarde pas directement la fabrique des chandelles, puisqu'on n'y doit point employer de graisse de Porc ; mais j'ai cru qu'elle seroit très-propre à faire appercevoir combien les différentes nourritures qu'on donne aux animaux influent sur la qualité de leur graisse ; & quoique ce ne soit pas toujours d'une façon aussi sensible que dans le lard des Porcs, elle existe néanmoins dans les autres animaux. Les Chandeliers s'apperçoivent, & on convient assez généralement, que la graisse des animaux qui sont nourris de fourrages secs & nourrissants, est meilleure que celle des mêmes espèces d'animaux qui n'ont vécu que d'herbes vertes. Je n'ai point fait d'observation pour m'assurer de ce fait ; mais il s'accorde avec ce que tout le monde a pu remarquer sur les animaux vivants. Si on engraisse un Cheval avec des plantes vertes, avec des navets, avec du son, ou de l'orge qui a servi à faire de la bierre, sa graisse sera molle en comparaison de celle d'un Cheval qui aura été nourri avec du grain, du foin sec & de la paille.

Quoi qu'il en soit de ces petites différences, on emploie les graisses telles qu'elles se présentent ; on convient seulement que les graisses des animaux qu'on tue l'hiver, font de meilleures chandelles que celles des animaux qu'on tue pendant l'été. Je ne crois pas que cette différence dépende principalement des aliments dont les animaux ont usé, mais plutôt de ce que dans les temps chauds, le sang dont les graisses fraîchement tirées des animaux sont imprégnées, se corrompt promptement ; il s'y forme des vers, & ces suifs contractent une mauvaise odeur qui rend les chandelles très-désagréables : d'ailleurs les suifs d'hiver sont plus secs que ceux d'été.

Nous nous sommes peut-être déja trop étendus sur la nature des graisses, notre intention n'étant que de les considérer relativement à l'art du Chandelier ; ainsi je me hâte de parler de la préparation de suifs.

De la maniere de fondre les graisses de Bœuf & de Mouton pour en faire du suif propre à faire des Chandelles.

Je dois prévenir que cet article ne regarde point précisément l'art du Chandelier, puisque ce sont les Bouchers qui sont dans l'usage de fondre les graisses, au moins dans les grandes Villes ([1]) ; car dans les petites Villes des Provinces où les Bouchers ne tuent pas assez pour que leurs graisses puissent les indemniser des frais qu'exigent leurs fontes, ils les vendent, au sortir de l'animal, aux Chandeliers qui ramassent les graisses de plusieurs Bouchers, & les fondent pour leur propre usage. Mais quand cette premiere

---
([1]) Il est défendu aux Bouchers de la Ville de Paris de vendre leur suif *en branche*.

préparation se feroit toujours par les Bouchers, nous ne serions pas pour cela dispensés d'en parler, puisque c'est un préliminaire absolument nécessaire pour la fabrique des chandelles.

La conversion des graisses en suif consiste à séparer la partie vraiment graisseuse des membranes & du tissu cellulaire où elle est renfermée, aussi-bien que du sang avec lequel elle est mêlée au sortir de l'animal. Peut-être qu'outre cette séparation de la graisse d'avec les substances étrangeres, la fonte dissipant un peu de son humidité, lui donne de la fermeté, & l'empêche de se corrompre; car la graisse *en branche* devient très-puante, & il s'y forme des vers: ce qui n'arrive pas au suif. Et on sait que le beurre perd considérablement de son poids, quand on le fait fondre pour le conserver.

Quand les Bouchers ont tiré, des bêtes qu'ils tuent, la substance adipeuse, ou la graisse renfermée dans ses membranes, ils la portent au séchoir A (*Pl.* I, *fig.* 1), où ils l'étendent sur des perches *aa*, afin que l'air la frappant de toutes parts, elle soit moins exposée à se corrompre que si on la mettoit en tas: d'ailleurs cette graisse qui, au sortir de l'animal, étoit chaude, se refroidit & se fige, le sang & les membranes se dessechent; ce qui est avantageux pour l'extraction du suif.

Lorsqu'on a ramassé une certaine quantité de cette graisse desséchée, qu'on nomme *du suif en branche*, on la porte dans des mannes au hachoir (*fig.* 2.)

Comme les parties graisseuses sont contenues dans des cellules membraneuses, elles en sortiroient difficilement, si on ne commençoit pas par rompre ces cellules: c'est ce qu'on fait en coupant le suif en branche en petits morceaux gros comme des noix, avec un fort couperet ou hachoir D, sur une forte table C, semblable à celles sur lesquelles les Bouchers coupent leur viande.

A mesure que le suif en branche est suffisamment haché, on le met dans des mannes semblables à celle marquée B, & on le jette dans une grande chaudiere de cuivre E (*fig.* 3), dont le fond se termine comme un œuf, afin que les saletés se rassemblent dans la partie la plus basse.

Cette chaudiere est montée sur un fourneau de briques, de façon qu'elle ne soit chauffée que par le fond, où il y a toujours un bain de suif qui l'empêche de brûler, & afin que le feu n'agisse point sur les bords de la chaudiere, où le suif qui s'y attache pourroit se rôtir. Autour des bords de la chaudiere, le fourneau a une bordure de maçonnerie assez large, qui est inclinée vers la chaudiere, afin que le suif qui tombe dessus s'écoule, & retombe de lui-même dans la chaudiere.

Au bas du fourneau il y a des degrés F pour élever l'Ouvrier, & le mettre à portée de remuer le suif, & de le tirer de la chaudiere, comme je l'expliquerai dans un instant.

Sur la bordure du fourneau E il y a quelques trous semblables à celui marqué G. On y met du plâtre en poudre, dans lequel les Ouvriers mettent leurs

mains

ART DU CHANDELIER.

mains pour les dégraisser, sans quoi ils ne pourroient pas tenir fermement les outils dont ils se servent, parce qu'étant enduits de graisse, ils s'échapperoient.

La graisse se fond peu à peu dans la chaudiere, & un Ouvrier a soin de la remuer fréquemment pour empêcher qu'elle ne brûle, & pour qu'elle sorte des cellules membraneuses dans lesquelles elle étoit renfermée.

Quand elle est bien fondue, on la tire de la chaudiere E avec de grandes cuillers de cuivre L qu'on nomme *puiselles*, & on la verse dans de grandes poëles de cuivre M O, où elle doit se refroidir. Mais pour séparer le suif des parties membraneuses, on le passe dans une *banatte* N, qui est un panier d'osier cylindrique, assez à clair-voie pour que le suif fondu puisse couler, & assez serré pour que les parties membraneuses ne puissent pas passer avec le suif. Quelques Bouchers ont des banattes de cuivre percées de trous comme les passoires.

Les uns plongent la banatte dans le suif de la chaudiere, & ils le puisent dans la banatte même pour le verser dans les poëles M; mais la plupart posent sur les bords de la poële M un chevalet O, qui est un assemblage de quatre morceaux de bois en forme de civiere, sur laquelle repose la banatte dans laquelle on verse, avec une puiselle, le suif pêle-mêle avec les membranes, qui restent dans la banatte, pendant que le suif épuré tombe dans la poële.

Comme, pour la facilité de ce travail, il faut que la poële, sur laquelle est établie la banatte, soit à portée de la chaudiere E; & comme il faut que le suif reste quelque temps dans les poëles, pour se purifier & pour se refroidir, avant que d'être versé dans les moules, on tire du suif de la grande poële avec des puiselles, pour en remplir des poëles moins grandes, qui sont à quelque distance de la chaudiere.

Le suif perd dans les poëles une partie de sa chaleur; & il se précipite au fond quelques saletés que la banatte n'a pas retenues.

Avant que le suif soit figé, on le puise dans les poëles avec le pot P, ou une puiselle L, pour le verser dans des futailles Q dont on a pris la tare, afin de savoir ce qu'elles contiennent de suif; ou bien avec l'écuelle R (*Voy. au bas de la Planche fig. 7*), on remplit les jattes ou mesures de bois S, qui doivent contenir cinq livres & demie de suif; & quand il est refroidi, on a des pains hémisphériques que les Bouchers vendent aux Chandeliers : c'est ce qu'on nomme *le suif de place* ([1]), qui est plus estimé que celui qu'on tire en barriques des Provinces ou des pays étrangers.

Le sédiment qui reste au fond des poëles se nomme *de la boulée*. Il m'a paru qu'elle étoit formée, 1°. des saletés terreuses qui étoient mêlées avec

---

([1]) L'expression de *suif de place* vient de ce qu'il a été ordonné à différentes fois aux Bouchers de porter tout leur suif, ou, par tolérance, des montres, à une Halle ou une place indiquée par la Police, où les Bouchers doivent faire la vente de leurs suifs aux Chandeliers.

le suif en branche : 2°. du sang qui s'est cuit dans la fonte du suif ; 3°. de quelques fragmens de membranes qui n'ont pas été retenus par la banatte, le tout mêlé avec du suif. On met cette boulée à part ; & quand on en a rassemblé une certaine quantité, on la *glasse*, c'est-à-dire, qu'on la met dans la chaudiere, & que, par une chaleur modérée, le suif se fond, & se porte à la surface où on le ramasse. Le sédiment se vend comme le *creton*, mais plus cher, parce qu'il est plus chargé de graisse.

On apperçoit maintenant qu'il est avantageux que le suif fondu soit mis dans de grandes poëles, où il puisse rester long-temps en fusion : si le refroidissement se faisoit trop promptement, la boulée ne se précipiteroit qu'imparfaitement, & le suif resteroit impur.

Il nous reste à parler de ce qui est retenu par la banatte. On se rappellera aisément que ce n'est autre chose que quantité de membranes imbues de suif qu'il s'agit de retirer en faisant passer le marc sous une forte presse.

La presse V (*fig.* 4) est formée par les jumelles a, l'arbre de dessous b, la mai c, le seau d, des hausses e, le mouton f, la lanterne g, la vis h, & l'écrou i.

Pendant que le marc qui est dans la banatte est chaud, on le verse dans le seau d : on met par-dessus plus ou moins de hausses e, suivant que le seau est plus ou moins rempli de marc ; on tourne la vis pour faire appuyer le mouton f sur les hausses e, d'abord avec un levier qu'on engage dans les fuseaux de la lanterne g ; ensuite, pour serrer plus fortement, on roule un cable d'abord sur la lanterne, puis sur un cylindre vertical, & par le moyen des leviers, la pression devient très-forte. Le cylindre ou le treuil vertical n'est point représenté dans la figure, pour éviter la confusion, & parce que sa position s'imagine aisément. A mesure que l'on presse, le suif sort par les trous du seau, il coule dans la mai c, & par l'anche ou gouleau il tombe dans une poële k qui le reçoit. Ordinairement on met sur cette poële un tamis de crin pour arrêter les immondices qui pourroient s'échapper par les trous du seau. Quand le suif est égoutté, & quand la presse est refroidie, on remonte l'écrou, on ôte la cheville l, & le seau s'ouvre en deux, à cause de la charnière m ; alors on tire les hausses e, ainsi que le marc qu'on nomme *pain de cretons*, qu'on vend pour faire de la soupe aux Chiens de meute & de basse-cour, & nourrir des volailles.

Le suif qu'on reçoit dans la poële K est sur le champ versé dans les futailles ou dans les moules, comme celui qui a passé par la banatte.

Il suit de ce que nous venons de dire, que les suifs sont des graisses d'animaux, fondues, dégagées de leurs membranes & dépurées : ainsi on distingue les suifs par le nom des animaux qui les ont fournis.

Le suif de Mouton est estimé le meilleur par les Chandeliers ; il doit être fort blanc, sec, cassant & un peu transparent.

ART DU CHANDELIER.

Le suif de Bœuf est plus gras que celui de Mouton ; il doit être nouveau, sans mauvaise odeur, & d'un blanc tirant un peu sur le jaune.

Les Bouchers de Paris fondent leurs suifs, tant de Bœuf que de Mouton, dans des jattes. Leur suif qu'on nomme *de place*, est plus estimé que celui de Hollande, d'Irlande & du Nord, qui vient dans des barriques. Les Chandeliers redoutent sur-tout les suifs qui ont été salés, parce qu'ils font pétiller les chandelles ; & il est expressément défendu aux Bouchers de Paris d'introduire du sel dans leurs suifs : ce qui seroit inutile, car le suif bien fondu & dépuré n'est sujet ni à se corrompre, ni à être mangé par aucun insecte.

Pour faire de bonnes chandelles, on mêle parties égales de suif de Mouton & de suif de Bœuf; il est défendu d'y mêler du beurre ni aucune autre graisse, particuliérement celle du Cochon, qui coule, répand une mauvaise odeur, & se consume fort vîte.

Le petit suif ou suif de tripes, qui est la graisse qui se fige sur le bouillon où l'on a fait cuire les tripes, n'est pas propre à faire de bonnes chandelles. On le fait fondre avec d'autres graisses, pour le vendre aux Savonniers & aux Hongroyeurs, ou pour remplir des lampions & des terrines d'illuminations. On verra dans la suite que les Chandeliers ont obtenu de la Police d'introduire, dans les chandelles qu'ils font l'hiver, un peu de ce petit suif ; mais cette tolérance est abusive.

Le suif de Bouc se tire de Provence & de Languedoc, par Lyon & Nevers. Il doit être sec, transparent & fort blanc ; il est préférable à tout autre pour allier avec la cire ; & c'est peut-être de ce suif qu'est venu le terme de *Bougie*.

Sur les Meches.

LES SUBSTANCES animales se grillent au feu, & forment un charbon ; mais leur flamme n'est que passagere, & elles ne conservent point le feu. C'est par cette raison que tous les fils de cheveux, de crin, de soie, de laine & de poil de Chevre, ne valent rien pour faire des meches ; il faut employer à cet usage des substances végétales. Ce fait est singulier ; car on sçait qu'on peut faire des meches aux lampes, avec le lin incombustible, qui ne brûle pas, mais qui attirant l'huile, & la divisant en petits filets, lui permet de s'enflammer & de brûler. On fait aussi des meches aux lampes à l'esprit-de-vin, avec du fil d'argent trait ; néanmoins la laine déja grasse par elle-même, & qui se charge très-bien des huiles où elle trempe, ne retient point la flamme, apparemment parce qu'en se grillant le charbon ne permet pas à l'huile, ou à la graisse qu'elle contient, de se tenir allumée ; & sur le champ la laine étant réduite en un champignon, il ne reste point, comme dans le lin incombustible, des pores capillaires qui portent le suif fondu jusqu'à l'extrémité de la meche. Mais on peut faire des meches avec différentes substances végétales. Du bois résineux & bien sec, des écorces de différents bois ont quelquefois servi de meches à de grosses torches; il y a même des copeaux de Pin fort chargés de résine qui brûlent comme un flambeau; & dans les pays où il y a beaucoup de Pins, les Paysans s'en servent à cet usage. Le papier roulé & la moëlle des Joncs fournissent de fort bonnes meches pour les lampes. On fait avec le chanvre des meches pour des flambeaux & les terrines de suif; mais les meches de fil ne vaudroient rien pour les chandelles; le chanvre & le lin ne se consumant pas aussi promptement que le suif, les meches faites de ces substances se recourbent, & il faudroit continuellement redresser la meche ou la couper, sans quoi elle tremperoit par son extrémité dans le suif de la chandelle qui couleroit infailliblement. Le coton est donc la seule substance qu'on employe pour faire de bonnes meches, & la perfection des chandelles dépend beaucoup de la bonne qualité du coton qui sert à faire les meches.

Il y a en général deux especes de coton: l'un est produit par une plante annuelle; il est nommé par Ray & Tournefort, *Xylon, sive Gossipium herbaceum*: l'autre est produit par un arbrisseau que les mêmes Auteurs ont nommé *Xylon arboreum*.

La plupart des cotons qui viennent du Levant sont de la premiere espece. Ils sont très-blancs & très-fins; mais leurs filaments ne sont ni si forts ni si longs que ceux du coton qui vient sur des arbrisseaux, & qu'on nous apporte de l'Amérique Méridionale.

Il seroit déplacé de nous étendre ici sur la description des Plantes qui fournissent le coton, sur leur culture, sur la façon d'éplucher le coton, sur les préparations qu'on lui donne pour le filer ou pour le conserver en laine, enfin sur les différents emplois qu'on fait du coton. Il suffit de dire, qu'en le considérant comme marchandise, il y en a de bien des qualités différentes, suivant le degré de maturité qu'on lui a laissé acquérir sur la plante, suivant le soin qu'on a apporté à l'éplucher, & suivant les altérations qu'il a souffertes dans le transport. Quoi qu'il en soit, les Chandeliers tirent ordinairement de Marseille leur coton tout filé & en écheveaux. Il doit être blanc, bien sec; il faut examiner s'il n'a pas été mouillé d'eau de mer, & sur-tout s'il est bien net, ou, comme disent les Chandeliers, *point poivré*, c'est-à-dire, chargé d'ordures; car les moindres saletés forment de petits charbons qui, tombant dans le bassin de suif fondu, s'amassent auprès de la meche, & la chandelle coule ou pétille. Le coton filé le plus fin forme les plus belles meches; parce qu'il n'y a que le beau coton & celui qui est bien net, qu'on puisse filer fin. Mais ordinairement les Chandeliers n'employent pas des cotons filés aussi fins que les Ciriers; pourvu qu'ils soient bien nets, blancs & secs, cela leur suffit. Néanmoins j'ai vu des chandelles faites avec de très-beau coton, qu'il ne falloit presque pas moucher; elles répandoient une belle lumiere, & elles ne couloient pas.

La premiere opération, qui se fait par des femmes, est de dévider les écheveaux

ART DU CHANDELIER.

écheveaux de coton pour les mettre en pelote : quelquefois elles se servent d'un devidoir ordinaire (*Pl. II, fig. 1*), mais souvent elles employent des devidoirs qui n'ont qu'une croisée avec des chevilles qui entrent dans les bâtons de la croisée. Ces devidoirs que les Chandeliers, nomment *tournettes*, étant plus légers que les autres, fatiguent moins le coton.

Les Devideuses assemblent ordinairement deux ou trois fils de coton, en formant les pelotes qu'elles font, à peu près du poids d'une demi-livre ; quelquefois les fils sont doubles & triples dans les écheveaux mêmes, alors prenant les deux ou trois bouts, on les devide à l'ordinaire ; mais si les écheveaux sont formés avec un fil simple, il faut que la Devideuse ait une tournette qui porte deux ou trois croisées, pour devider à la fois deux ou trois écheveaux. Ces croisées posées les unes au-dessus des autres sur un même pivot, tournent indépendamment les unes des autres.

Il s'agit ensuite d'assembler les fils pour former les meches, & de les couper de longueur. Pour cela il faut avoir un panier aux pelotes A (*fig. 2*), avec son escabeau & un couteau à meche B, qu'on nomme aussi *banc à couper les meches*. Ordinairement les Chandeliers mettent leurs pelotes dans un sas ou boisseau fait d'une serche, au milieu de laquelle est attachée une peau percée de trous comme un crible, afin que les ordures tombent par les trous, & qu'elles ne s'attachent point au coton.

Pour se former une idée du couteau à meche, il faut imaginer une forte table. Celle qui est représentée (*Pl. II, fig. 2*), a pour pieds deux madriers montants $a\,b$, retenus par une traverse cc ; mais souvent elle a quatre forts pieds comme les tables ordinaires. Sur cette table s'éleve verticalement à un des bouts une lame tranchante ou un couteau d, qui est solidement assujetti à la table, & dont le tranchant regarde la face de la table opposée à l'Ouvriere. De plus une broche de fer e est fixée verticalement sur une piece à coulisse f, de sorte qu'en tirant cette piece f, on éloigne la broche e de la lame d, ou bien on rapproche les deux pieces en enfonçant la coulisse. Comme la longueur des meches est fixée par la distance qu'il y a de la lame d à la broche e, il est évident, qu'au moyen de la piece à coulisse f, on peut établir la longueur des meches, ainsi qu'on le juge convenable pour l'espece de chandelle qu'on se propose de faire ; & quand la Coupeuse a fixé, suivant ses intentions, la distance convenable entre la broche e & la lame d, elle assujettit la piece à coulisse par une vis dont on apperçoit la tête sur le côté de la table : souvent la tête de la vis est en-dessous.

La Coupeuse s'assied vis-à-vis la table qui porte le couteau ; & ayant mis, comme nous venons de l'expliquer, la lame & la broche à une distance proportionnée à la longueur qu'elle veut donner aux meches, elle prend & unit ensemble les bouts de deux, trois ou quatre pelotes qui sont dans le panier, pour se décharger de leurs fils, à mesure qu'on forme des meches.

ART DU CHANDELIER.

Suppofant que la meche d'une chandelle des huit à la livre doive être formée par vingt-quatre brins de coton, & que dans les pelotes il y ait trois fils réunis, il faudra mettre quatre pelotes dans le panier; leurs fils réunis feront douze brins, qui, étant doublés fur la broche, feront les vingt-quatre brins dont on fuppofe que la meche doit être formée.

L'Ouvriere ayant réuni les douze brins qui partent des quatre pelotes, elle les paffe derriere la broche avec fa main droite, & elle les rapproche jufqu'à la lame. Alors elle faifit le faifceau de fils qu'elle tient de la main gauche, & tenant le faifceau avec les deux mains, elle l'appuie fortement fur le tranchant pour le couper; alors les douze fils qui répondent aux pelotes reftent dans fa main gauche, pendant qu'elle tient avec fa main droite la meche compofée de vingt-quatre fils. Il faut prendre garde qu'un des bouts ne foit pas plus long que l'autre, ou, comme difent les Ouvriers, que la meche ne foit barlongue. Sur le champ l'Ouvriere pofe cette meche entre la paume de fes deux mains, & les faifant gliffer l'une fur l'autre, elle la tord un peu pour empêcher que les fils de coton ne fe féparent, & pour former, autour de la broche, l'anfe du lumignon qu'on nomme *le collet de la meche*. Auffi-tôt elle jette cette meche ainfi tortillée de fon côté fur le bord de la table *e*, fans la tirer de la broche.

La main gauche de l'Ouvriere n'ayant pas quitté les fils qui répondent aux pelotes, elle les prend de la main droite; elle les paffe derriere la broche; elle les rapproche de la lame pour les doubler; elle les coupe; elle les tord entre fes deux mains, & elle les rejette encore de fon côté de la table *e*: ce qu'elle répete jufqu'à ce qu'il y ait fuffifamment de meches pour garnir une broche ou baguette. C'eft ordinairement feize pour les chandelles des huit à la livre; douze pour des quatre; quinze pour des fix; dix-fept pour des dix; vingt pour des feize. Alors l'Ouvriere qui fait des huit, prend ces feize meches, elle les arrange à plat à côté les unes des autres; fi elle apperçoit quelque filament de coton qui fe fépare des fils, elle le détache; ayant raffemblé le bout de toutes les meches, elle les ébarbe, comme nous le dirons dans la fuite; puis mettant une de fes mains fur ces meches auprès du collet, elle plie les feize meches, & elle les renverfe vers le dehors du banc *l* : ce qui forme de quoi garnir une broche. L'Ouvriere continue à couper fes meches; elle les rejette en-dedans ou de fon côté, comme elle avoit fait d'abord, pour raffembler la quantité de meches qui convient pour garnir d'autres broches ou baguettes à chandelles; ce qui s'appelle *une brochée*. Quand la broche verticale du coupoir eft pleine de meches, il faut, pour la décharger, tranfporter ces meches fur les baguettes de bois, qu'on nomme *broches à chandelles*. Ces broches doivent être faites avec des baguettes de bois léger, un peu plus menues que la broche du coupoir, bien unies dans toute leur longueur, & elles doivent fe terminer en pointe par une de fes extrémités, pour l'introduire plus aifément dans l'anfe des meches.

ART DU CHANDELIER.

On tire à la fois de la broche de fer une branchée ou les seize meches qui doivent charger une baguette ou broche à chandelle, lorsqu'on fait des huit à la livre, & on passe adroitement la broche de bois dans les anses qui ont été formées par la broche de fer. L'Ouvriere ayant ainsi déchargé la broche de fer du coupoir, en garnissant des broches à chandelle, elle recommence à couper d'autres meches; & si elle se propose de faire des meches pour des chandelles des douze à la livre, elle destinera dix-huit meches pour chaque broche à chandelle : car plus les chandelles sont menues, plus on met de meches sur les broches ou baguettes, qui ont toujours deux pieds & demi de longueur.

Il est bon de remarquer, 1°, que quand on fait des meches pour les chandelles moulées, on ne les distingue point par nombre de seize, de dix-huit, &c, comme on le fait pour les chandelles plongées : on emplit la broche du coupoir en rejettant toutes les meches d'un même côté de la table, & on décharge la broche, en transportant les meches sur des baguettes menues qu'on remplit en entier ; mais, afin que les meches n'en sortent pas, on lie avec les deux meches des bouts toutes ces meches qui sont si près qu'elles se touchent l'une l'autre : ce qui forme un gros paquet de meches qu'on porte à l'endroit où sont les tables à moules, comme nous l'expliquerons dans la suite.

2°, Comme la lame du coupoir effiloche le coton, on rassemble, comme nous l'avons dit, une quantité de meches, par exemple, ce qu'il en faut pour garnir une broche à chandelle ; & avec de bons & forts ciseaux, on ébarbe les meches en coupant tous les brins, qui excedent les autres. Cette opération n'est importante que pour les chandelles plongées, afin qu'il ne se rassemble pas de suif au-delà de la longueur de la meche.

3°, Nous l'avons déja dit, la bonté des chandelles dépend autant de la perfection de la meche que de celle du suif. Un coton sale & mal filé, qui est d'inégale grosseur, rend les chandelles sujettes à couler & à pétiller. Il faut sur-tout bien prendre garde que quelque fil de coton ne se sépare des autres, c'est un des plus grands défauts que puisse avoir une chandelle ; & c'est pour éviter cette séparation, ainsi que pour former l'anse de la meche autour de la broche, que l'on tord le coton entre les deux mains à chaque meche qu'on vient de couper.

4°, La grosseur des meches doit être proportionnée à celle des chandelles ; une meche trop menue ne produit point de lumiere, & fait couler le suif, une trop grosse fait que la chandelle ne dure pas : comme elle ne se consume pas aussi vite que le suif, il la faut moucher à chaque instant. Avec de beau coton, & en tenant les meches un peu menues, on peut faire des chandelles qu'on ne sera pas obligé de moucher plus fréquemment que la bougie. L'habitude guide les Chandeliers à déterminer la grosseur des meches ; car ils ne le peuvent faire par le nombre des fils, leur groffeur n'étant jamais affez exactement déterminée. Comme on fait des chandelles de même poids, par exemple, des huit à la livre, les unes plus courtes, les autres plus longues, les courtes font néceffairement plus groffes que les longues : on augmente proportionnellement la groffeur des meches ; ainfi les meches pour les courtes ont deux, trois ou quatre fils de plus que celles pour les longues. Pour s'affurer fi les meches font d'une bonne groffeur, quand on en a coupé de quoi garnir cent broches des huit, ce qui fait feize cents meches, on les pefe ; & fuivant l'ufage le plus commun, leur poids doit être de vingt onces par cent, ce qui fait deux livres & demie pour les feize cents meches.

5°. Il y a cette grande différence entre les chandelles plongées & les moulées, qu'en faifant celles-ci, le lumignon ou l'anfe formée par la broche du couteau à meches, eft fouvent en bas, au lieu qu'aux chandelles plongées cette anfe eft toujours en haut. Néanmoins il faut que la meche des chandelles moulées foit foutenue verticalement dans l'axe du moule, comme je l'expliquerai dans la fuite ; mais il convient de prévenir dans cet article où il s'agit des meches, qu'on attache celles des chandelles moulées, à la partie du moule qui eft en haut avec un brin de fil qui tient lieu de l'anfe, dans laquelle on paffe la baguette des chandelles plongées, & qui ne peut pas fervir à cet ufage pour les moulées ; parce que, comme je l'ai dit, cette anfe eft fouvent en en-bas, & que quand on les mettroit en en-haut, les fils de coton qu'on réunit pour former les meches, font d'un trop gros volume pour être reçus par le crochet qui les doit tenir dans l'axe du moule. Voici comme on attache ce brin de fil au bout de la meche, oppofé au lumignon.

On coupe de petits bouts de fil d'environ deux pouces de longueur *a* (*Pl. III, fig. 6*). Les Chandeliers achetent ordinairement des Tifferands les fils qu'ils coupent au bout de leurs pieces de toile, & qu'on nomme *penne*. Ces bouts de fils, qui ne font bons qu'à cet ufage, leur coûtent beaucoup moins que du fil en écheveaux. On lie enfemble les deux bouts de ce fil pour en faire un anneau *b* ; enfuite, repliant cet anneau, comme on le voit en *c*, on paffe dans les anfes *de* le bout de la meche qui eft oppofé au collet de la meche qui doit former le lumignon, ainfi qu'il eft repréfenté en *f* ; & en ferrant le nœud coulant du fil dans lequel on a paffé la meche, elle fe trouve terminée par une anfe de fil *g*, dont on connoîtra l'ufage lorfque nous parlerons des chandelles moulées. Il eft néceffaire, pour les chandelles plongées, que l'anfe du collet de la meche forme le lumignon ; parce que c'eft dans cette anfe qu'on paffe la baguette ou broche de bois qui fert à les plonger, comme nous l'expliquerons : mais à l'égard des chandelles moulées, le feul avantage qu'il y ait à faire enforte que l'anfe de la meche forme le lumignon, eft de pouvoir les lier par paquets, les placer fur des *Aions*, ou les attacher à des étalages pour les expofer à l'air.

Plufieurs

ART DU CHANDELIER.

Plusieurs Chandeliers négligeant ce petit avantage, forment le lumignon de leurs chandelles moulées avec l'extrémité de la meche qui est opposée à l'anse, de sorte que l'anse se trouve engagée dans le suif au gros bout de la chandelle. Cela ne les dispense pas d'attacher un anneau de fil au bout de la meche ; car l'anse de la meche seroit trop grosse pour entrer dans le crochet du culot : mais ils ajustent ce fil plus aisément que par la méthode que nous avons expliquée ; car ayant plié en deux l'anneau du fil b, comme on le voit en h, on passe cet anneau ainsi plié dans l'anse de la meche k, comme on le voit en il, & la meche se trouve terminée par deux boucles de fils qu'on passe dans le crochet du moule, comme nous le dirons dans la suite. Cette disposition du fil au bout de la meche est plutôt faite que celle qui est représentée en efg ; & quand la chandelle est jettée en moule & figée, on retire aisément ces fils qui servent plusieurs fois.

6°, Le coton filé au Levant, & qu'on nomme *Coton Baza*, est bien moins tors que celui qu'on file en France ; pour cette raison il se raccourcit moins quand on le plonge dans le suif. Lorsque les Chandeliers emploient du coton filé en France, prévenus que le suif en s'introduisant entre les fibres du coton qui sont très-tortillées, produit un raccourcissement plus considérable, ils tiennent leurs meches un peu plus longues, & cela va à un travers de doigt sur une meche pour les huit. Indépendamment de l'inconvénient qui résulte de ce raccourcissement, les Chandeliers veulent que le coton soit mollet, & pour cette raison il doit être peu tors.

7°, Les meches des lampions se font avec ces bougies, qu'on appelle *Rat de cave*. On en coupe de petits bouts qu'on pique dans une pointe qui est soudée au fond du lampion. On ôte la cire à l'autre bout pour former le lumignon qu'on frotte quelquefois avec un peu de térébenthine, pour qu'ils s'allument plus aisément.

8°, Les meches des terrines sont faites, comme celles des flambeaux de poing, avec de l'étoupe de lin que les Cordiers commettent * mollement. On les imbibe d'une composition de suif & de térébenthine, on les tord un peu entre les mains, on les coupe par bouts, & on assujettit ces bouts au fond des terrines avec un peu de terre glaise.

*Commettre en terme de Cordier, c'est rouler plusieurs fils ou cordons les uns sur les autres.

Presque tous les Chandeliers prétendent qu'il est avantageux de tremper les meches des chandelles dans de l'esprit-de-vin, & qu'au moyen de cette précaution on est dispensé de les moucher aussi souvent : mais comme cette liqueur s'évapore fort vîte, je ne conçois pas qu'il puisse en rester une grande impression sur la meche. D'autres veulent qu'on imbibe les meches des lampions avec de l'essence de térébenthine : il peut bien en rester une légere impression sur la meche ; mais je ne sais pas ce qui en résulte. Communément on imbibe les meches des terrines avec un mélange de suif & de térébenthine, comme on l'a dit plu shaut.

ART DU CHANDELIER.

Maniere d'employer le Suif pour en faire des Chandelles.

Il y a en général deux especes de chandelles, ou plutôt deux façons de faire des chandelles. Les unes se font en plongeant les meches dans le suif fondu, & les autres se jettent en moules. Les premieres se nomment *des chandelles plongées* ou *à la broche* : les autres s'appellent *des chandelles moulées*. Nous décrirons séparément ces deux façons de faire les chandelles ; mais auparavant il est à propos de parler de quelques opérations qui sont communes à l'une & à l'autre.

Nous avons dit qu'on livroit le suif aux Chandeliers dans des futailles ou en pains fondus dans des moules qu'on nomme *mesures* ou *jattes*. Comme le suif de Bœuf doit être séparé du suif de Mouton, le Chandelier commence par peser ses suifs, pour les allier ensemble, & les mêler à la dose qu'il juge convenable pour faire de bonnes chandelles. Conformément aux Réglemens, il conviendroit de mêler ces deux suifs par égale portion : les chandelles n'en seroient que meilleures si le suif de Mouton y dominoit ; mais les Chandeliers sont obligés d'employer plus de suif de Bœuf que de suif de Mouton, parce que les Boucheries fournissent moins de suif de Mouton que de suif de Bœuf.

On peut faire avec du suif de Bœuf des chandelles fort blanches ; mais elles sont plus grasses, & elles ne durent pas autant que celles où l'on met beaucoup de suif de Mouton, qui de plus répandent une très-belle lumiere. Mais les chandelles de suif de Mouton sont sujettes à se casser & à se gercer l'hiver quand le froid durcit les suifs. C'est sous ce prétexte que, quoiqu'il soit défendu par des Réglements de Police aux Maîtres Chandeliers d'employer, dans la fabrication de leurs chandelles, ni graisse de Cochon, ni beurre, ni petit suif, qui est le suif de tripes, on tolere pendant l'hiver l'alliage de petit suif à la quantité de huit à dix pour cent.

Les Chandeliers ont de plus avancé que les chandelles où l'on mettoit du petit suif éclairoient mieux. Si cela est, c'est parce qu'elles se consument plus vîte ; & il est certain, au moins pour l'usage ordinaire, que le suif de Bœuf suffit pour rendre celui de Mouton moins cassant. Ainsi il y a lieu de penser que ces prétextes que les Chandeliers ont employés pour obtenir la tolérance des petits suifs, sont illusoires, & purement fondés sur des vues d'intérêt. Mais d'autres raisons particulieres & plus légitimes peuvent engager les Chandeliers à varier ces mélanges. Par exemple, si un suif de Bœuf étoit gras & mol, on pourroit le corriger en y mêlant une plus grande proportion de suif de Mouton ; & un suif de Vache bien sec, peut se passer d'être allié avec une aussi grande quantité de suif de Mouton.

Quoi qu'il en soit, après que les suifs ont été pesés, suivant les proportions que le Chandelier juge convenables, on les dépece.

ART DU CHANDELIER.

Cette opération consiste à couper en petits morceaux le suif qui est en gros pains ou en grosses mottes ; 1°, pour qu'il s'arrange mieux dans la chaudiere où on doit le fondre ; 2°, parce qu'une grosse masse de suif étant long-temps à se fondre, elle courroit risque de se brûler, ou au moins de se noircir.

On porte donc les pains de suif ou les gros morceaux qu'on tire des futailles sur la table à dépecer (*Pl. II, fig.* 3), qui a sur la face de derriere & sur celle des côtés des rebords de six à sept pouces de hauteur, pour empêcher que les morceaux de suif ne tombent. Quelquefois le rebord s'étend tout autour de la table, excepté que sur le devant, dans la largeur d'un pied, il n'y a point de rebord pour laisser le jeu du couteau.

Sur cette table est attachée à charniere une grande lame tranchante qu'on nomme *un dépeçoir*, & qui ressemble aux couteaux avec lesquels les Boulangers coupent leur pain en gros quartiers. A mesure que le suif est haché, ou, comme disent les Chandeliers, *dépecé*, on le met dans des corbeilles, pour le porter à la chaudiere, qu'on nomme *la poële au suif* ou *à chandelle*. C'est une assez grande chaudiere de cuivre (*fig.* 4), qui a un rebord assez large. Je crois qu'il sert à renverser la flamme du bois qui brûle sous la poële, pour qu'elle ne mette point le feu au suif, & à écarter la fumée qui pourroit brunir le suif. Les Ouvriers disent que ce rebord sert encore à retenir le bouillon du suif, & à empêcher qu'il ne se renverse ; mais le suif ne doit jamais bouillir.

Cette poële est établie sous une cheminée à hotte, & est posée sur un trépied dont la grandeur est proportionnée à celle des poëles, comme la grandeur des poëles est proportionnée à la quantité de chandelles qu'on se propose de faire.

Dans quelques Fabriques, on fond le suif dans des chaudieres montées sur des fourneaux, comme on le voit à la Planche *III, fig.* 1.

On met donc le suif dépecé dans les poëles dont nous venons de parler ; à mesure qu'il se fond, on le remue avec un bâton ; de temps en temps on l'écume : en mettant le suif dans la poële : quelques Chandeliers lui donnent ce qu'ils nomment *le filet*, c'est-à-dire, qu'ils versent dans la poële une roquille, ou pour les grandes fontes un demi-setier, & jusqu'à une pinte d'eau pour les chandelles moulées. Ils prétendent que cette eau précipite les saletés des suifs ; mais qu'il ne faut point ajouter cette eau au suif qu'on destine aux premieres plongées, parce que la meche se chargeant d'humidité elle pétilleroit. Comme on clarifie avec plus de soin le suif pour les chandelles moulées que pour les plongées, on donne le filet en plus grande quantité pour les chandelles moulées. Si l'on donnoit le filet quand le suif est fondu, on le feroit gonfler, & il pourroit se renverser : le suif ne doit jamais être assez chaud dans la poële pour bouillir ; mais l'eau du filet qui est au fond excite un frémissement qui peut faciliter la précipitation des particules étrangeres qui saliſſent le ſuif. D'ailleurs cette eau qui tombe au fond de la poële empêche que le ſuif ne bruniſſe dans la fonte.

Dans quelques eſſais que j'ai faits, il m'a paru qu'il n'y avoit aucun inconvénient à fondre le ſuif ſur beaucoup d'eau, pourvu qu'en verſant le ſuif dans l'auge ou moule, on ne versât pas de l'eau avec le ſuif, afin qu'en plongeant, le bout des chandelles ne trempe pas dans de l'eau, au lieu de tremper dans le ſuif; & je crois que, pour les chandelles moulées, il ſeroit avantageux de mettre beaucoup d'eau dans la poële, pourvu qu'on élevât proportionnellement le robinet de la caque ou tinette, afin que l'eau ne coulât point avec le ſuif dans les burettes.

Enſuite, ſi le ſuif eſt deſtiné à faire des chandelles moulées, les Chandeliers le vuident dans une cuve de bois qu'on nomme *caque* ou *tinette*, le verſant ſur un ſas ou gros tamis garni d'une toile de crin fort ſerrée, afin de retenir une partie des ſaletés qui pourroient y être mêlées.

Quand la caque eſt pleine, on lui met ſon couvercle, & le ſuif reſte en fonte plus ou moins de temps, ſuivant la chaleur de l'air; de ſorte qu'à moins qu'il ne faſſe très-froid, il eſt encore en état d'être travaillé l'hiver au bout de 8, 10 & 12 heures, & l'été il peut reſter dans la tinette 24 heures. Il eſt bon qu'il ſéjourne quelque temps & au moins quatre ou cinq heures dans ce vaſe, pour ſe dépurer, & donner le temps aux corps étrangers de tomber au fond; car le ſuif ne ſe clarifie que par la précipitation des fèces: c'eſt pour cela que lorſqu'il fait très-froid, on prévient que la tinette ne ſe refroidiſſe trop promptement, en mettant auprès d'elle quelques poëles de feu, ou en la plaçant auprès de la cheminée; car, comme je viens de le dire, il eſt très-avantageux, pour les chandelles moulées, que le ſuif ne ſe fige que très-lentement, puiſque c'eſt le ſeul moyen qu'on emploie pour le dépurer ou le clarifier.

Au bas de la caque ou tinette, il y a un gros robinet de cuivre, ou plus ſouvent de bois, pour tirer le ſuif, lorſqu'on veut travailler; mais on a ſoin qu'il ſoit à deux ou trois pouces du fond, pour que les ſaletés qui ſe précipitent ordinairement en aſſez grande quantité, ne coulent point avec le bon ſuif.

Comme le grand froid & les grandes chaleurs ſont contraires à la fabrique des chandelles, on a coutume d'établir cet attelier dans des caves. Ainſi on forme les meches, on dépece le ſuif, on le fond même au rez-de-chauſſée, pendant que les tinettes & tous les uſtenſiles, tant pour les chandelles plongées que pour les moulées, ſont dans des caves où le ſuif fondu ſe rend par des tuyaux de cuivre qui traverſent la voûte. Au moins cette diſpoſition d'attelier eſt-elle la plus commode; car il n'eſt gueres poſſible de faire de belles chandelles dans des ſalles baſſes, quand il gele bien fort, & encore moins lorſqu'il fait fort chaud. Et, en général, la vraie ſaiſon pour faire de belles chandelles, eſt depuis la fin d'Octobre juſqu'au mois de Mars.

Pour

ART DU CHANDELIER.

Pour les chandelles plongées, on ne met point repofer le fuif dans les caques ou tinettes au fortir de la poële ; on le verfe fur le tamis de crin pour remplir les auges ou moules (*fig.* 5) : peut-être feroit-il mieux que le fuif des chandelles plongées fe fût auffi dépuré dans les tinettes ; mais ce n'eft pas l'ufage. Il eft vrai que l'opération en deviendroit plus longue, & probablement le fuif fe refroidiroit trop pour les premieres plongées. D'ailleurs il fe dépure un peu dans les auges ; & les Chandeliers font moins attentifs à la dépuration du fuif pour ces chandelles, parce qu'ils ont la reffource de faire les dernieres plongées avec de très-beau fuif. Comme celui-ci doit être moins chaud que pour les premieres plongées, il a le temps de fe dépurer, & la boulée fe précipite au fond.

Après avoir expofé la fonte du fuif, qu'on peut regarder comme un préliminaire qui, à quelques différences près que nous avons fait remarquer, convient également aux chandelles plongées & aux chandelles moulées ; je vais parler féparément de ces deux façons de faire les chandelles.

Des Chandelles plongées qu'on nomme auffi Chandelles à la broche, *ou*, à la baguette, *ou* Chandelles communes.

EN GENERAL ces chandelles fe font en plongeant à diverfes reprifes, dans le fuif fondu, les meches de coton qu'on a paffées dans des broches de bois, comme nous l'avons expliqué à l'article des meches : c'eft pour cette raifon qu'on les nomme *plongées*, & les Ouvriers difent fouvent par corruption *plingées*.

L'auge (*Planche II, fig.* 5) que les Chandeliers appellent mal-à-propos le *moule*, & qu'on nommoit autrefois *l'abîme*, eft un vaiffeau de bois ordinairement de noyer bien affemblé & de figure prifmatique, repréfentant en quelque façon une trémie de forme quarrée. Les deux grands côtés qu'on nomme les *joues*, dont *a* en repréfente un, ont deux pieds de hauteur dans œuvre ; & l'ouverture *b* n'a que dix pouces de largeur fur trois pieds de long. Cette auge prifmatique qui fe termine en bas prefque par un angle, repofe fur un évafement qu'on nomme le *fabot*, qui lui forme un pied pour qu'elle ne renverfe point quand on la pofe par terre, ou lorfqu'on la met fur une banquette *c* qui l'éleve de fix pouces, & que l'on nomme la *tablette du moule*. Je donnerai dans la fuite une defcription plus détaillée de ce vaiffeau : il fuffit pour le préfent qu'on en ait une idée générale.

Puifque les chandelles dont il s'agit, fe forment d'abord par le fuif qui pénetre la meche, & enfuite par celui qui s'attache au fuif refroidi, jufqu'à ce que les chandelles ayent acquis leur groffeur, il eft évident que fi le fuif étoit trop chaud, la couche qui refteroit fur la chandelle feroit fort mince ; d'ailleurs elle feroit tachée, ou, comme difent les Chandeliers, *tavelée* ; la chandelle fembleroit faite de favon marbré dont les taches feroient pâles ; de plus, on

CHANDELIER.   E

prétend que les chandelles faites avec du suif trop chaud, deviennent farineuses en veillissant. Au contraire si le suif étoit trop froid, il s'attacheroit par grumeaux, ce qui défigureroit la chandelle, & elle n'auroit pas toute la blancheur dont le suif est susceptible; il faut donc que le suif ait une chaleur moyenne, mais qui n'exige pas une grande précision. Les Chandeliers reconnoissent que le suif n'est pas trop chaud quand il commence à se figer au bord du moule où il forme une pellicule dentée fort mince; & si en travaillant, le suif se refroidit trop, ils versent dans le moule du suif chaud qui lui rend le degré de chaleur convenable. Mais pour que tout le suif qui est dans le moule, soit au même degré de chaleur & de liquidité, ils le remuent, ils l'agitent, ils le brassent avec un bâton qui a quinze à vingt pouces de long & un pouce & demi de diametre, qu'on nomme, à cause de son usage, *mouvette*, ou *mouvoir*.

Pour les dernieres plongées, on nétoye le fond du moule en en grattant le fond & les angles avec la mouvette. Si à l'extrémité de ce bâton il s'attache du suif figé, qui est ordinairement rempli de saletés qui se sont amassées au fond de l'abîme, l'Ouvrier le met dans une écuelle qu'il a à portée, en grattant la mouvette avec une truelle de cuivre, tout-à-fait semblable à celle dont se servent les Maçons : cette truelle sert encore à ratisser le suif figé qui reste attaché aux bords, sur les joues de l'abîme, ou sur les tables, en un mot, par-tout où il se trouve du suif refroidi & figé.

Dans quelques Provinces on tient un peu de feu sous le moule, pour empêcher le suif de se refroidir; mais il vaut mieux suivre la méthode que nous venons d'indiquer, pour que la boulée tombe au fond, & que le suif se clarifie.

Pour être en état de rapporter tout de suite & sans interruption le détail des différentes plongées qu'on donne aux chandelles, je vais décrire l'établi où on les met se refroidir toutes les fois qu'on les tire du suif.

Cet établi est une grande cage de menuiserie (*fig.* 21 & 22), qui est plus ou moins longue, suivant la grandeur de l'attelier. Sa largeur, pour être proportionnée à la longueur des broches, est de deux pieds dans œuvre : il est bon qu'elle n'ait au plus que cinq pieds de hauteur, & elle est garnie devant & derriere par des tringles de bois *a*, qui sont à 18 pouces les unes au-dessus des autres, plus ou moins, suivant la longueur des chandelles; car pour que le service soit commode, il faut que quand l'étage supérieur est garni de chandelles, on puisse passer dessous & par-dessus la traverse une broche chargée d'autres chandelles : c'est sur ces traverses qu'on pose les broches chargées de chandelles.

En bas est une auge de bois *b*, qu'on nomme l'*égouttoir*, qui sert à recevoir les gouttes de suif qui tombent des chandelles qui sortent de l'abîme; mais il en tombe ordinairement fort peu, excepté à la premiere plongée.

ART DU CHANDELIER.

La figure 22 repréſente un établi plus petit, où on ne peut mettre que trois étages de chandelles : il y en a qui n'ont que deux étages.

Maniere de faire les Plongées.

L'ABISME (*fig.* 5) étant preſque rempli de ſuif fondu aſſez chaud, pour qu'il ne ſe fige point aux bords, l'Ouvrier prend à la fois dix ou douze broches chargées de meches : les meches doivent être également eſpacées dans toute la longueur des broches, & prenant ces broches à poignée, il les enfonce dans le ſuif pour les en bien imbiber ; il les retire enſuite en partie, & il les appuie ſur le bord de l'abîme.

On fait cette premiere plongée dans du ſuif chaud, pour qu'il pénetre bien le coton des meches : mais aux autres plongées, il faut que le ſuif commence à ſe figer au bord du vaſe. Le Chandelier reprend enſuite les broches qu'il a appuyées ſur le bord de l'abîme, deux à deux, ou trois à trois ; il examine ſi les meches ſont bien diſtribuées dans la longueur des broches ; & pour que les meches d'une broche ne touchent pas celles d'une autre, l'Ouvrier a ſoin, en prenant les broches, de mettre toujours un de ſes doigts entre deux broches. Si l'Ouvrier ne prend à la fois que deux broches, l'une eſt entre le pouce & l'index, & l'autre entre l'annulaire & le doigt du milieu. S'il en prend trois, il place l'une entre le pouce & l'index, l'autre entre l'index & le doigt du milieu, & la troiſieme entre le doigt du milieu & l'annulaire, (*fig.* 25.) Il ſecoue un peu les broches pour que les meches ſe ſéparent les unes des autres ; & pour les enfoncer dans le ſuif, ce qu'on nomme *plonger*, il les couche vivement ſur le ſuif & leur donnant un mouvement circulaire, elles s'y enfoncent ; puis, pendant qu'elles ſont dans le ſuif, il donne aux broches de petites ſecouſſes vives pour ſéparer les meches qui auroient pu ſe toucher ; car ſi deux meches imbues de ſuif ſe refroidiſſoient étant collées l'une à l'autre, on auroit peine à leur faire prendre la direction qu'elles doivent avoir, ou au moins, on employeroit bien du temps à les redreſſer.

L'Ouvrier retire les meches imbues de ſuif ; il les laiſſe égoutter ; & quand le ſuif eſt un peu figé, il les replonge, & ſur le champ il les retire & les met égoutter à l'établi ; comme ces meches ſont dégouttantes de ſuif, on a ſoin, pour ne pas perdre le ſuif qui tombe, d'approcher l'abîme tout auprès de l'établi, & de mettre une planche qui réponde du moule à l'établi pour recevoir les gouttes : avec ces précautions, il n'y a point de ſuif de perdu.

C'eſt cette premiere trempe qu'on nomme *plongeure*, qui eſt la plus difficile, & qui exige le plus d'adreſſe. Quand elle eſt faite, on met, les broches ſur les traverſes de l'établi, pour que le ſuif acheve de ſe figer ; on a ſeulement l'attention de les placer aux étages les plus bas, non-ſeulement, parce que c'eſt de cette premiere plongée qu'on a fait dans du ſuif chaud, qu'il dégoutte du suif, mais encore, parce que, si, par hazard, il tomboit sur ces chandelles quelques gouttes de suif des étages supérieurs, il n'y auroit pas grand mal, puisque ces chandelles sont bien éloignées d'être finies; au lieu que ces gouttes endommageroient celles qui sont prêtes à être finies, & qu'on place pour cette raison au haut de l'établi.

Les meches ayant resté assez de temps sur l'établi, pour que leur suif soit suffisamment essoré ou raffermi, on leur donne la seconde plongée qu'on nomme *retourmure*. Comme les meches imbues de suif ont pris un peu de consistance, elles s'enfoncent aisément dans le suif; on les y plonge une ou deux fois dans toute leur longueur; puis on les y plonge encore à deux ou trois reprises, jusqu'à la moitié, au tiers ou au quart de leur longueur, pour que le suif qui coule & s'amasse toujours en trop grande quantité vers le bas, se fonde dans le suif de l'abîme, & que la chandelle se décharge en tenant quelque temps le bas des chandelles dans le suif fondu; ainsi ces demi-plongées ne sont pas pour augmenter la grosseur des chandelles par le bas, mais pour empêcher qu'elles n'en prennent trop: cela s'appelle, en termes d'Art, *ravaler*; ce qui fait appercevoir que si, dans les plongées entieres, on tenoit long-temps les chandelles dans le suif fondu, elles perdroient de leur grosseur, au lieu de se charger de nouveau suif. Quand en ravalant, le suif du moule n'est pas assez chaud pour faire fondre celui des chandelles, on les promene à droite & à gauche dans le suif de l'abîme, pour augmenter l'action de ce suif sur celui de la chandelle.

Quand les chandelles retournées ou plongées deux fois, ont été égouttées & ensuite essuyées sur le bord du moule, on les remet à l'établi; car il faut toujours que le suif soit bien refroidi avant de donner une nouvelle plongée. A cette plongée, ainsi qu'à toutes celles qui suivent, excepté les deux dernieres, il faut que le suif soit prêt à se figer, non-seulement pour que les chandelles s'en chargent en plus grande quantité, mais encore, parce qu'il est bon que la superficie en soit raboteuse; les couches en adhérent mieux les unes aux autres.

Lorsque le suif de la seconde plongée est suffisamment durci, on donne la troisieme qu'on nomme *remise*, & on replace les chandelles à l'établi; ce qui s'observe de même à toutes les plongées, avec cette différence qu'à la seconde & à la troisieme trempe, on plonge les chandelles dans toute leur longueur seulement deux fois, au lieu qu'aux autres, on les plonge trois fois, sans compter les dernieres trempes dont nous avons parlé plus haut, & qui servent à ravaler. Toutes les fois qu'on retire les chandelles du suif pour les porter à l'établi, on ne manque pas de les laisser s'égoutter un instant, & d'essuyer le bas des chandelles sur le bord du moule; avec ces précautions, il ne s'égoutte de suif que des meches qu'on tire du suif pour la premiere fois.

On

ART DU CHANDELIER.

On imagine aifément qu'il faut donner plus de plongées aux groffes chandelles, qu'à celles qui font menues; mais on ne peut fixer le nombre des plongées, même pour des chandelles d'une groffeur déterminée; car, fuivant la chaleur & la qualité des fuifs, les chandelles s'en chargent plus ou moins, & en général elles s'en chargent toujours plus l'hiver que l'été; mais quand elles font parvenues à peu près à leur groffeur, on donne les deux dernieres plongées: l'une fe nomme *mettre près*, & l'autre *achever*.

Les Chandeliers connoiffent par habitude, quand leurs chandelles ont pris la groffeur qu'elles doivent avoir; néanmoins ils ne négligent pas de s'en affurer en en pefant quelques-unes avant d'achever & de *colleter*.

Quelques Chandeliers prétendent que, pour la premiere trempe qu'on nomme *plongeure*, il eft mieux d'employer du pur fuif de Bœuf, difant qu'il imbibe mieux la meche que le fuif de Mouton: car ils prétendent que les chandelles éclairent mieux quand les meches font bien pénétrées de fuif, & que c'eft pour cette raifon que les chandelles plongées éclairent mieux que les moulées, dont la meche eft peu pénétrée de fuif; mais la plupart des Chandeliers fe contentent, comme je l'ai dit, de faire les premieres plongées dans du fuif un peu chaud.

On peut douter qu'il foit auffi important que le penfent les Chandeliers, que la meche foit très-pénétrée de fuif; car comme le fuif, avant de brûler, fe fond & fe raffemble dans le baffin de la chandelle, le fuif fondu doit pénétrer la meche, & plufieurs raifons indépendantes de celle-là peuvent faire que les chandelles plongées répandent plus de lumiere; les meches d'ailleurs en font plus groffes: le fuif le plus commun brûle plus vîte, & fait une plus grande flamme que le beau fuif de Mouton.

On fait ordinairement prefque toutes les plongées avec du fuif commun, excepté les dernieres, où l'on employe le plus beau fuif pour couvrir l'autre; & ces chandelles paroiffent auffi feches & auffi belles que fi elles avoient été faites en entier avec du beau fuif: mais c'eft une fraude dont on s'apperçoit bien à l'ufage; car ces chandelles fe confument bien plus vîte que celles qui font faites entiérement de beau fuif. Si les premieres couches étoient faites avec de très-mauvais fuif, on pourroit encore découvrir la fraude en les rompant.

Quand les chandelles ont été achevées, il ne refte plus qu'à les coleter, ou à leur former le colet: ce qui fe fait en les plongeant dans le fuif plus avant qu'on n'avoit fait à toutes les précédentes plongées, afin que la portion de la meche, qui fe fépare pour former l'anfe qui embraffe la broche, fe couvre d'un peu de fuif; ce qui forme comme deux lumignons, & c'eft ce qu'on nomme *coleter* ou *combler*.

Nous avons déja averti qu'il falloit placer les chandelles achevées à l'étage le plus élevé de l'établi, pour qu'elles ne foient point expofées à recevoir quelques gouttes de fuif, fur-tout des meches qui fortent du fuif pour la premiere fois.

Quoique les abîmes ne foient pas affez larges pour que deux Ouvriers puiffent plonger en même temps, fouvent ils travaillent deux à une même abîme; parce que l'un plonge pendant que l'autre porte fes broches à l'établi, & qu'il en rapporte de nouvelles.

On juge bien que, par les plongées réitérées dont nous venons de parler, le bas des chandelles fe doit terminer en pointe, & néceffairement il s'y amaffe du fuif qui excede la meche par en bas. La meche ne fe prolongeant donc pas jufqu'au bout du fuif, la chandelle finiroit de brûler avant que tout le fuif fût confumé, & cette portion de la chandelle, où il n'y auroit point de meche, étant dans la bobeche du flambeau, fe romproit très-aifément. On remédie à cet inconvénient, en retranchant cet excédent de fuif : ce qui de plus applatit le bout de la chandelle. Ce retranchement fe fait beaucoup mieux & plus promptement avec un inftrument (*fig. 6*), qu'on nomme *rognoir*, ou *rogne-cul*, qu'on ne le feroit avec une lame tranchante. Ce rognoir eft formé d'une platine de cuivre *a b*, (*Pl. II, fig. 6 & 16*) qui a des rebords dans toute fa longueur, avec un goulot vers *b* : fous cette platine eft établie une poële de tole quarrée *c*, qu'on remplit de charbons allumés. Quand la platine eft bien chaude, l'Ouvrier prend cinq ou fix, ou un plus grand nombre de broches garnies de chandelles, qu'il ne tient point entre fes doigts, comme quand il veut plonger; il fupporte les baguettes fur le plat de fes mains : car le fuif étant refroidi, il n'y a plus à craindre que les chandelles fe touchent; au contraire, il faut qu'elles foient près à près, & en mettre à la fois un bon nombre dans le rognoir. Le Chandelier appuie l'extrémité inférieure des chandelles fur la platine de cuivre, affez échauffée pour faire fondre le fuif qu'on veut retrancher. Ce fuif fondu coule par le goulot *b*, dans une poële *d*, qui eft placée pour le recevoir.

L'efpece d'entonnoir *e*, qui eft placé fur le pied, & qu'on nomme *la trémie*, fert à empêcher que le corps des chandelles ne reçoive beaucoup de chaleur de la platine, & la partie *i i*, (*fig. 14*), fert à entretenir les chandelles dans une pofition verticale. Au moyen de ce petit fourneau, on rogne très-promptement & beaucoup plus proprement l'extrémité des chandelles, que fi on les coupoit avec un couteau.

Le travail de rogner eft très-pénible ; car l'Ouvrier reçoit les vapeurs du charbon & du fuif, qui fatiguent beaucoup fes poulmons.

Quand les chandelles font finies, on les enfile dans des pennes ou ficelles, & on en forme des livres pour le débit; ou bien on paffe dans le lumignon des groffes chandelles des aiguilles de fil de fer, pour en former des aions (*fig. 23*), & les mettre en étalage ; ou enfin on les paffe dans de longues baguettes pour les exposer à l'air, puis on en fait des paquets dans du papier, comme nous l'expliquerons à la suite du détail qui regarde les chandelles moulées.

Comme les Cordonniers travaillent plusieurs autour d'une même table, ils ont besoin de chandelles qui éclairent beaucoup : pour cela, on leur en fait qui ont deux meches ; mais ce n'est que deux chandelles réunies par plusieurs couches de suif. On prend donc deux chandelles qu'on a mises près, & avant que le suif soit durci, on les applique l'une contre l'autre : elles se collent ; mais elles se sépareroient aisément, si ensuite on ne les plongeoit pas deux ou trois fois dans le suif, pour que les deux chandelles, étant couvertes par une enveloppe commune de suif, ne fassent plus qu'une seule chandelle qui a deux meches, & qui est applatie, au lieu d'être ronde comme les autres chandelles.

Des Chandelles moulées.

ON A VU dans l'article précédent que les chandelles plongées prennent peu à peu leur grosseur, à mesure que le suif fondu dans lequel on les trempe s'attache au suif figé qui couvre la meche. A chaque plongée la chandelle augmente en grosseur de l'épaisseur d'une couche de suif. On va voir que les chandelles moulées se font d'un seul jet, parce que le suif fondu étant retenu dans l'intérieur d'un moule, on peut verser tout d'un coup la quantité de suif qui est nécessaire pour faire une chandelle de telle ou telle grosseur ; de sorte que quand ce suif est refroidi & figé, la chandelle sort de son moule, ayant la grosseur & le poids qu'on veut lui donner, & déjà on conçoit que chaque moule ne peut servir qu'à faire des chandelles d'une grosseur déterminée. Ainsi il faut des moules pour faire des chandelles des quatre à la livre, d'autres pour en faire des cinq, d'autres pour des huit, &c.

Nous ne répéterons point comment on coupe les meches, comment on dépece le suif, comment on le fait fondre dans la poële, comment il se dépure dans la caque ou tinette, & en passant par un tamis ; à quel point on le laisse refroidir : toutes ces choses ayant été précédemment expliquées, il suffit de les rappeller ; car jusques-là toutes les manœuvres sont à peu près les mêmes pour les chandelles moulées, & pour celles qui sont plongées. Mais il faut décrire avec soin les moules, puisque de leur perfection dépend celle des chandelles.

On peut faire des moules avec du cuivre, du fer blanc, du plomb & de l'étain : ceux qu'on employe dans les grandes Fabriques, & qui sont réputés les meilleurs, sont faits avec de l'étain allié de quelques autres métaux. Ceux qui les vendent prétendent que des moules qui seroient faits avec de l'étain fin, ne seroient pas si bons : peut-être cette prétention est-elle fausse ; mais il suffit que les Chandeliers soient contents des moules qu'on fait avec de l'étain commun, pour qu'on doive s'en servir préférablement à d'autres qui seroient beaucoup plus chers. D'ailleurs tous les métaux alliés sont plus fermes que les métaux purs: l'étain pur est très-mou, à moins qu'il n'ait été battu, ce qu'on ne peut pas faire aux moules à chandelles; ainsi, indépendamment de l'économie, il peut y avoir de l'avantage à faire les moules avec un étain allié.

Les moules sont donc des tuyaux de métal dont le diametre intérieur & la longueur sont proportionnés à la grosseur & à la longueur qu'on veut donner aux chandelles. Mais, pour donner une idée plus précise de ces moules, nous les distinguerons (*Pl. III, fig.* 7), en trois parties : sçavoir, la tige *a*, le colet *b*, qui ne fait qu'une piece avec la tige, & le culot *c e*.

La tige *a* du moule, est un tuyau qui, pour faire des six à la livre, a environ dix pouces de longueur, non compris le colet qui l'alonge d'un demi-pouce. La circonférence intérieure de ce tuyau du côté du colet est de 27 lignes & demie, & du côté du culot de 30 lignes. On fait ainsi le moule un peu plus large d'un bout que de l'autre, pour qu'il soit de dépouille, ou afin que la chandelle en puisse sortir plus aisément.

Ce tuyau est terminé à son bout le plus menu, par un rétrécissement en forme de cône *b*, qui forme en-dedans une doucine. Cette partie, qui n'est point séparée de la tige, se nomme *le colet*; il est percé au sommet ou à la pointe du cône, d'un trou qui doit être assez exactement de la même grosseur que la meche, qui y doit passer un peu à force.

A l'autre extrémité du tuyau qui forme la tige du moule, est un évasement *d*, où le tuyau augmente de diametre pour recevoir la partie cylindrique *e* du culot : ce renflement sert encore à retenir les moules dans les trous de la table, comme nous l'expliquerons dans un instant.

Le culot est une espece d'entonnoir dont la douille est fort large, & le pavillon assez petit : il est donc formé par un tuyau assez court *c*, qui entre dans le renflement *d* de la tige; de sorte qu'intérieurement il ne doit point y avoir de ressaut de la tige *a*, au tuyau du culot *c*.

Le pavillon ou l'évasement du culot *e* n'exige aucune précision; mais le crochet *f* en demande beaucoup. Quelquefois c'est une simple languette qui est soudée par un de ses bouts au bord intérieur du pavillon *e* du culot (*fig.* 10), & cette languette porte à sa pointe un petit crochet qui doit répondre bien exactement à l'axe de la tige; parce que ce crochet soutenant un des bouts de la meche, pendant que l'autre passe par le trou du colet, la meche ne seroit pas dans le milieu de la chandelle, si le trou du colet, ainsi que le crochet du culot, n'étoient pas exactement dans l'axe de la tige.

Souvent, pour donner plus de solidité au crochet, il termine l'extrémité d'une petite plaque triangulaire qui est soudée à l'intérieur du pavillon du culot, comme on le voit en *f*, (*fig.* 7 & 12).

Pour

ART DU CHANDELIER.

Pour se servir des moules, il faut les placer dans une situation exactement verticale, de sorte que le colet soit en en-bas & le culot par en-haut : c'est ce qu'on fait au moyen des tables à moules dont nous allons parler.

Une table à moules est formée par une planche de deux pouces & demi ou trois pouces d'épaisseur. Comme il ne faut pas que la file des moules soit interrompue, le dessus de la table n'est soutenu que par ses deux extrémités, au moyen de deux madriers verticaux d, qui reposent sur une espece de socle e, qui est formée par une forte semelle (*Pl. III*, *fig.* 3).

Le dessus de cette table est percé de quantité de trous qui sont à peu près de la grosseur des moules qui entrent dedans, jusqu'au renflement de la tige : ainsi chaque table ne peut servir que pour une seule espece de moule (*fig.* 14).

Quoique dans la Vignette on n'ait représenté (*fig.* 3) que trois rangs de moules sur chaque table, on en met souvent quatre, deux de chaque côté, & on ménage un espace au milieu où l'on jette les culots, à mesure qu'on les détache des moules : dans ce cas on fait la table de deux pieds de largeur ; on voit même des tables encore plus larges qui sont percées pour cinq ou six rangs de moules. Les Chandeliers fort attentifs à la perfection de leur ouvrage, remettent les culots sur les moules, aussi-tôt qu'ils ont coupé les chandelles, afin qu'il ne tombe aucune saleté dans le moule ; car rien n'exige tant de propreté que la fabrique des chandelles. Quand toutes les chandelles sont coupées, ils reprennent les culots les uns après les autres, pour en faire sortir le suif avec un petit morceau de bois, & sur le champ ils les remettent à leur place.

Au-dessous de la table est établie une auge qui s'étend de toute sa longueur, & qui déborde la largeur de la table. Elle est destinée à recevoir le suif qui pourroit se répandre par accident ; car il n'en doit point couler par le trou du colet. Cette auge est formée de deux planches qui se réunissent par leurs bords & forment un angle ou une gouttiere. On l'apperçoit en f (*fig.* 3).

Ce détail des instrumens qui servent à faire les chandelles moulées, deviendra encore plus clair quand nous donnerons l'explication des Figures. Mais l'idée que nous venons d'en donner, suffit pour mettre en état de concevoir les manœuvres des Chandeliers.

Les moules étant arrangés sur les tables, comme on le voit dans la Vignette (*fig.* 3, ou *au bas de la Planche*, *fig.* 14), & comme nous venons de l'expliquer, il s'agit d'abord de mettre les meches en place. On se rappellera qu'elles sont toutes de la même longueur & de la même grosseur pour l'espece de chandelles qu'on veut jetter en moule, parce qu'elles ont été faites avec un même nombre de fils, & que la longueur a été déterminée par la distance entre la broche de fer & le couteau.

On se rappellera encore qu'on a ajusté à un des bouts de chaque meche, une anse de fil, f, g ou i, l, (*fig.* 6).

Pour tendre la meche dans l'axe du moule, de façon qu'une de ſes extrémités réponde au trou du colet, & l'autre au crochet du culot, le Chandelier fait deſcendre dans l'intérieur du moule, & il paſſe par le trou du colet un fil de fer qu'on nomme *l'aiguille à meche* (*fig. 9*). Elle porte à celle de ſes extrémités qu'on tient dans la main, un grand anneau qui l'arrête ſur le doigt index, & à l'autre bout un petit crochet profond pour bien ſaiſir le fil, & peu évaſé, pour qu'il puiſſe paſſer aiſément par le trou du colet.

L'Ouvrier fait deſcendre dans le moule l'aiguille (*fig. 9*) qu'il tient de ſa main droite; & quand elle ſort par le trou du colet, il accroche avec ſa main gauche l'anneau de fil qui eſt à un des bouts de la meche; puis, au moyen de l'anneau de fil, il éleve avec ſa main droite l'aiguille & la meche qui y eſt attachée.

Quand cet anneau eſt à la hauteur du crochet du culot, il a l'adreſſe de conduire l'extrémité de l'aiguille de façon qu'il paſſe l'anneau de fil dans le crochet de la languette du culot; alors baiſſant un peu l'aiguille, il la dégage de l'anneau de fil; enfin, avec ſa main gauche, il tire un peu en en-bas la meche qui ſe trouve alors bien tendue dans l'axe du moule. La grande habitude des Ouvriers leur fait exécuter ces petites opérations avec une promptitude qui ſurprend.

Quand tous les moules ſont garnis de meches, & qu'on les a dreſſés bien verticalement dans les trous de la table, il ne reſte plus qu'à les remplir de ſuif, ou, comme diſent les Chandeliers, *à jetter les chandelles*. Pour cela il faut que le ſuif ſoit bien épuré dans la tinette, & qu'il s'y ſoit refroidi au degré convenable; car ſi l'on jette le ſuif trop chaud, les chandelles ont peine à ſortir du moule; ou, ſi elles en ſortent, elles ſont tachées ou *tavelées*, pour employer l'expreſſion des Ouvriers. Quand on apperçoit que la ſurface du ſuif commence à ſe figer aux bords qui touchent la tinette, on prend, pour jetter, un petit pot à ſuif, ou une burette de fer blanc qui reſſemble à un arroſoir à bec *d* (*fig. 4*). On remplit de ſuif ce pot par le robinet *c* dont nous avons parlé, qui eſt trois ou quatre pouces au-deſſus du fond de la caque ou tinette, afin que les ſaletés qui ſe ſont précipitées, reſtent dans le vaiſſeau, & qu'elles ne ſe mêlent pas avec le ſuif dont on doit faire les chandelles.

Au moyen du bec de la burette, les moules ſe rempliſſent aiſément, & promptement; car le ſuif ne peut s'écouler par le trou du colet qui eſt exactement fermé par la meche. Toutes les fois que la burette eſt vuide, le Chandelier, avant de la remplir de nouveau ſuif, revient à tous les moules qu'il a remplis, & ſaiſiſſant le culot de la main gauche, il tire avec ſa main droite le bout de la meche qui ſort par le colet, & cela parce que quelques meches pouvant être dérangées par le ſuif qu'il a verſé, il faut qu'il remédie à cette inflexion avant que le ſuif ſoit figé.

ART DU CHANDELIER.

Quand le suif est en partie refroidi, il est bon de verser encore un peu de suif dans le culot.

On attend que le suif soit refroidi, figé & même durci dans le moule, pour en tirer les chandelles en élevant le culot.

Il y a des Chandeliers qui les coupent à ras du tuyau *e* du culot; mais d'autres, pour ménager l'anneau de fil qui attache la meche au crochet du culot, cherchent dans le suif cet anneau avec un petit crochet de fer; s'il est double, comme nous l'avons représenté en *h* (*fig. 6*), ils le dégagent du crochet du colet; &, tirant une des anses avec le crochet qu'ils tiennent à la main, ils dégagent tout le fil de la meche, & le conservent pour servir une autre fois. Alors le suif contenu dans le culot n'étant plus soutenu ni par le fil ni par la meche, il se rompt fort net au raz du culot, sans qu'on soit obligé de le couper.

Voilà la chandelle moulée entièrement achevée : il nous reste cependant encore à expliquer quelques articles qui n'ont pu être insérés dans le détail de cet Art.

Articles détachés qui ont rapport à l'Art du Chandelier.

1°, Nous avons dit qu'il restoit au fond de la tinette où le suif s'est refroidi, ainsi que dans les abimes des chandelles plongées, une certaine quantité de suif mêlé de saletés. Pour retirer le bon suif qui se trouve mêlé avec cette lie, les Chandeliers font fondre tout ce qui reste dans la tinette, au-dessous du robinet; ils le versent dans des moules qui, pour bien faire, devroient être étroits & profonds; ils font en sorte qu'il se refroidisse lentement, afin que les immondices se précipitent au fond, & que le bon suif surnage. Quand ces pains sont refroidis, ils emportent les saletés avec un couteau, & ils les vendent à bas prix à ceux qui font de la cire pour les souliers; mais le suif qui se fige au-dessus du moule entre dans les fontes pour les chandelles.

2°, On sait que les chandelles plongées, ainsi que les moulées, sont toujours jaunes, quand elles sont nouvellement faites. Elles acquierent de la blancheur en vieillissant. Les Chandeliers qui ont des jardins procurent plus promptement cette blancheur à leurs chandelles, en les passant dans de longues baguettes qu'ils posent sur des tréteaux, pour les exposer à la rosée, au soleil, en un mot au grand air pendant quelques jours : mais il est nécessaire que l'endroit où l'on place ainsi les chandelles soit à l'abri de la poussiere, de la fumée, de la pluie & du grand vent; & on feroit plus de tort que de bien aux chandelles, si on les exposoit à un soleil très-chaud. Pour obvier à tous ces inconvéniens, on établit, sur les tréteaux qui supportent les chandelles, une espece de toît fait avec des perches légeres, sur lequel on étend des toiles cirées, lorsque les circonstances du temps exigent qu'on couvre les chandelles. Après tout, cette blancheur n'eſt que ſuperficielle; & s'il y a deſſous du ſuif jaune, ſa couleur perce bientôt la couche blanchie artificiellement qui eſt très-mince.

J'ai connu un Chandelier qui, ayant une Blanchiſſerie de cire, s'aviſa de grêler ou mettre en ruban ſes ſuifs, comme on fait la cire qu'on veut blanchir, & il les étendit de même ſur des toiles. Effectivement ſes ſuifs devinrent très-blancs; mais comme ces chandelles étoient ſujettes à couler, il abandonna cette pratique.

Quand les Chandeliers ne ſont point preſſés de vendre leurs chandelles, il eſt mieux de les renfermer dans des caiſſes garnies de papier, ou dans des armoires bien fermées: elles y acquierent peu à peu une blancheur qui eſt plus durable que celle qu'on leur a fait prendre à l'air.

3°. Nous avons dit que les chandelles nouvellement faites n'étoient jamais fort blanches, mais qu'elles acquierent de la blancheur en vieilliſſant; de ſorte que des chandelles de deux ans ſont extrêmement blanches pour peu qu'elles ayent été faites avec de bon ſuif: malheureuſement ces chandelles anciennement faites coulent & répandent une mauvaiſe odeur. Je ſoupçonne que ce défaut vient de ce que la graiſſe perdant peu à peu une partie de ſon flegme, elle devient plus aiſée à fondre, ſans pour cela qu'elle ſe conſume plus promptement. Le baſſin de ces chandelles ſe remplit de ſuif fondu qui, s'accumulant en trop grande quantité, ſe renverſe: ce qui fait qu'elles durent beaucoup moins. Cette conjecture acquerroit un degré de vraiſemblance, s'il étoit prouvé que les chandelles perdent de leur poids en vieilliſſant; mais les Chandeliers prétendent qu'elles augmentent plutôt de poids que d'en diminuer. Indépendamment de tout raiſonnement, le fait eſt certain; les chandelles nouvellement faites n'ont jamais la blancheur qu'elles peuvent acquérir en les gardant: de plus, le ſuif n'ayant pas acquis toute ſa dureté, elles ſont graſſes, & elles ſe conſument fort vîte.

Les chandelles qu'on n'employe que quatre, cinq ou ſix mois après qu'elles ont été faites, ſont plus blanches, plus ſeches, & elles durent plus long-temps. Quand on ne fait uſage de ces chandelles qu'à la fin de l'année, elles acquierent encore de la blancheur & de la ſécherefſe; mais elles deviennent farineuſes, ſur-tout ſi le ſuif a été coulé trop chaud, ou ſi elles ont été faites pendant l'été: quelquefois elles coulent; mais quand les chandelles ſont bien faites, avec de bon ſuif, le principal défaut qu'elles ont en vieilliſſant, c'eſt de ſentir mauvais.

4°. Je ne puis dire préciſément combien doit durer une chandelle d'une certaine groſſeur. Pour faire exactement ces comparaiſons, il faudroit que les meches fuſſent abſolument ſemblables, tant pour la groſſeur que pour la qualité du coton; ce qui n'eſt pas aiſé. L'état de l'air influe encore beaucoup ſur la durée des lumieres; la moindre agitation l'abrege, ainſi que la chaleur;

le

ART DU CHANDELIER.

le froid & le mélange de vapeurs étrangeres & sulfureuses avec l'air, fait qu'elles brûlent moins vîte ; enfin la différente qualité des suifs influe beaucoup sur la durée des chandelles ; ainsi nous ne pouvons donner que des à-peu-près peut-être assez éloignés du vrai. Prévenus de cela, nous hasarderons de fixer la durée des quatre à la livre, à dix à onze heures ; celle des six, à sept à huit heures ; & celle des huit, à cinq heures & demie ou six heures : bien entendu qu'on suppose ici que les meches ont la grosseur que les Chandeliers leur donnent communément.

5°, Les suifs se salissent & jaunissent en restant long-temps à l'air ; ainsi quand les chandelles ont resté quelques jours dans le jardin, ou quand le suif est bien raffermi, il les faut conserver dans des lieux frais & secs, & les tenir dans des armoires exactement fermées, ou dans des caisses qu'on double en dedans de papier gris ; le mieux est même de les envelopper dans du papier gris par paquets d'une, deux, quatre ou cinq livres : voici comme on fait ces paquets.

Lorsque les chandelles sont pesées dans des balances, dont un des plateaux est figuré comme une gouttiere dans laquelle on couche les chandelles de toute leur longueur, mettant toutes les meches d'un même côté, on étend sur une table (Pl. II. fig. 24) une feuille de papier gris, de façon qu'un des angles de la feuille de papier regarde celui qui fait le paquet ; il couche les chandelles sur ce papier, parallélement au côté de la table qui est devant lui ; il prend la moitié des chandelles qu'il renverse pour les *bechevéter*, afin que le paquet soit d'une égale grosseur à ses deux extrémités ; il roule & enveloppe les chandelles dans cette feuille de papier, & ayant plié les deux bouts, il assujettit le tout avec une ficelle qui forme une croix sur le paquet.

Pour le débit, les Chandeliers assemblent les petites chandelles par livre, en passant une ficelle ou une penne dans l'anse des lumignons, & ils pendent ces faisceaux de chandelles à leur étalage. A l'égard des grosses chandelles moulées ou plongées, ils passent une aiguille ou un gros fil de fer dans l'anse des meches pour les pendre sur des aions (Pl. II, fig. 23).

6°, Les Chandeliers mêlent quelquefois dans leur suif fondu, de l'alun de roche, pour hâter la clarification & raffermir leur suif. Effectivement, dans quelques essais en petit, il m'a paru que le suif où je mêlois de l'alun, étoit plus ferme ; mais, si l'on en employe une trop grande quantité, les chandelles pétillent. Quelques Chandeliers prétendent que l'alun sert uniquement à clarifier le suif, & que, si l'on n'a pas le temps de laisser le suif se clarifier de lui-même, on avance la précipitation des saletés, en mettant de l'alun dans le suif : en ce cas, ils font fondre deux ou trois livres d'alun dans un seau d'eau, & ils emploient cette eau pour donner le filet. Quelques-uns prétendent que de l'eau de chaux bien claire produit encore un bon effet ;

mais que tous ces mélanges occasionnent beaucoup de déchet.

(J'ai fait quelques essais sur la clarification du suif; & quoique ç'ait été sur de trop petites quantités pour en faire des chandelles, je crois devoir les rapporter en peu de mots.

1°, J'ai versé des blancs d'œufs dans du suif fondu, & ensuite je l'ai passé par un linge, & je l'ai coulé dans un vase de verre. La superficie de ce suif étoit très-blanche & fort luisante; mais le dessous du petit pain étoit d'un jaune clair comme le massicot, & il y a eu beaucoup de déchet.

2°, J'ai jetté de la crême de tartre, pulvérisée très-fin, dans du suif fondu: il s'est précipité sous le pain de suif une matiere grise, & le suif étoit blanc & sec. C'est cette matiere qui m'a le mieux réussi.

3°, Au lieu de crême de tartre, j'ai jetté dans le suif fondu de l'alun de roche en poudre: ce mélange a paru faire assez bien; néanmoins le suif paroissoit comme tavelé, peut-être parce que je l'avois jetté trop chaud dans le moule, ou parce que la dose d'alun étoit trop forte.

4°, Ayant donné le filet avec de l'eau de chaux très-forte, le suif m'a paru fort blanc; mais il avoit une mauvaise odeur.

5°, Comme M. Beauvais Raseau, Officier de Milice des Colonies, m'avoit assuré qu'il avoit blanchi & donné de la fermeté au suif avec du jus de citron, j'ai mis du suif coupé par fort petites lames dans de l'esprit de vitriol foible, dans du verjus & dans du vinaigre distillé: cette derniere liqueur m'a paru donner un peu de fermeté & de blancheur au suif; le verjus n'a pas si bien fait, & l'acide vitriolique l'a jauni.

6°, J'ai mêlé avec du suif, tantôt un peu de belle térébenthine, & tantôt de l'essence de térébenthine. La térébenthine s'est bien alliée avec le suif, & je crois qu'on pourroit essayer ce mélange à différentes doses. Au reste, je ne propose ces essais que pour engager des Chandeliers zélés pour la perfection de leur art, à les tenter: car j'ai averti que je n'avois pas fait des chandelles avec ces différens suifs, & je ne les ai pas suivis plus loin, parce que je pense qu'on n'en peut retirer quelque utilité qu'en les faisant en grand dans les Fabriques.)

7°, Les Chandeliers font quelquefois des chandelles cannelées, pour donner en présent à leurs pratiques. Comme elles se jettent en moule précisément de même que les chandelles ordinaires, la différence consiste uniquement dans la forme du moule; ainsi nous remettons à en parler dans l'explication des Figures. Il suffit d'avertir ici que ces chandelles qu'on nomme *chandelles des Rois*, sont souvent bigarrées de différentes couleurs.

Le suif prend très-bien la teinture du verd-de-gris, celle de l'Orcanette, du bois d'inde, de l'indigo, &c. Si l'on veut se contenter de colorer superficiellement les chandelles, on passe, avant que leur suif soit entièrement raffermi, & au sortir du moule, quelques traits de ces suifs colorés & fondus sur la super-

ART DU CHANDELIER.   31

ficie ; ou, si l'on veut que la teinture soit répandue dans la substance du suif, on remplit de petites mesures avec des suifs de différentes couleurs pour en faire des jettées qui se trouvent dans le moule les unes sur les autres.

8°, On distingue les différentes especes de chandelles, soit moulées, soit plongées, ou par le nombre qu'il en faut pour faire une livre, ou par les usages auxquels on les employe le plus ordinairement. Ainsi on vend des chandelles moulées des quatre à la livre : ce sont les plus grosses. Au-dessous, ce sont des cinq, ou des six, ou des huit, ou des dix : les plus petites que l'on fasse en moulées sont des douze ; mais dans la plupart de ces especes, il y en a de longues & de courtes.

Dans les chandelles plongées, il y en a des quatre, des six, des huit, des dix, des douze, des seize, des vingt-quatre, & d'autres encore dont il faut un plus grand nombre pour faire une livre. Plusieurs de celles-là se divisent encore, comme les moulées, en longues & en courtes. Outre cela on fait des chandelles à deux meches, qu'on nomme *de Cordonnier* ; d'autres fort grosses & à une meche, qu'on nomme *de Savetier* ; d'autres grosses & courtes, qu'on nomme *de Brodeur* ; d'autres petites & menues, qu'on appelle *de Carrier* ; d'autres longues & menues, qu'on nomme *de veille*, &c.

9°, Quand les moules sont bien faits, les chandelles qu'on en tire ont assez exactement le poids qu'on desire ; mais on ne peut pas parvenir à cette précision pour les chandelles plongées. Comme dans chaque Fabrique la longueur des meches est assez exactement déterminée pour chaque sorte de chandelles, les Ouvriers ne courent point de risque de se tromper sur la longueur des chandelles ; mais, quant à la grosseur, ils ne sont guidés que par le coup d'œil qu'une longue habitude rend assez exact. Quoiqu'on pese quelques chandelles avant de les finir, il n'y a point de Chandelier qui ne convienne qu'il n'arrive qu'à peu près au poids qu'il se propose de donner à ses chandelles plongées. Cette petite différence ne peut produire d'inconvénient que pour le petit détail ; car, pour les provisions, on doit acheter les chandelles au poids, & non pas au nombre.

10°, Voici une Table où nous marquons, pour les différentes especes de chandelles : 1°, la longueur des meches : 2°, le nombre de fils de coton qui forment leur grosseur : 3°, la grosseur ou la circonférence de ces différentes especes de chandelles auprès du colet & au bas.

Je préviens que toutes ces dimensions sont bien sujettes à erreur ; mais ce sont des à-peu-près qui d'abord pourront guider, & qui ensuite seront rectifiés par des épreuves, d'autant que les chandelles qu'on prend chez un Marchand n'ont jamais exactement la même longueur ni la même grosseur que celles qu'on achete chez un autre.

ART DU CHANDELIER.

ESPECES DE CHANDELLES.	Longueur des meches.	Nombre des fils de coton.	Circonférence aupr. du colet.	Circonférence en bas.
Moulées des 4.	12 pouces.	34	29 lignes.	31 lignes.
Moulées des 5.	11 $\frac{1}{2}$	30	28	29
Moulées des 6.	10 $\frac{1}{2}$	22	24	25
Moulées des 8.	10	16	23	24
Moulées des 10.				
Moulées des 12.				
Plongées des 4 à 2 meches, dites de *Cordonnier*.	10 $\frac{1}{2}$	36 gros	30	37
Plongées des 4 à une meche, dites de *Savetier*.	11	36 coton.	33	36
Plongées des 6 longues.	11	22	27	29
Plongées des 6 courtes.	8 $\frac{1}{2}$	34	31	34
Plongées des 8 longues.	10 $\frac{1}{4}$	18	24	26
Plongées des 8 courtes.	8	22	26	30
Plongées des 10 longues.	9 $\frac{1}{2}$	16	22	25
Plongées des 10 courtes.	7 $\frac{1}{2}$ à 8	18	28	28
Plongées des 12 longues.	8 $\frac{1}{2}$ à 9	12	18	23
Plongées des 12 courtes.	7	16	23	25
Plongées des 16 longues.	8	12	18	21
Plongées des 16 courtes.	6 $\frac{1}{2}$	16	21	25
Plongées des 24.	6 $\frac{1}{4}$	8	17	19
Plongées des 8, dites *de veille*. . .	14	8		
Plongées des 10, dites *de veille*. .	13 $\frac{1}{2}$	8		
Plongées des 16, dites *de veille*. .	12	8		
Plongées des 8, dites *de Brodeuses*.	7			
Plongées des 12, dites *de Brodeuses*.	6 $\frac{1}{2}$			

11°, On fait assez communément en Angleterre des chandelles avec du blanc de baleine, & on en a fait aussi en France. Ces chandelles ne sentent point mauvais; elles répandent une très-belle lumiere, & elles éclairent bien. Ce qui diminue de leur prix, est qu'on les fait avec du blanc de baleine rance qui n'est plus bon pour la Médecine.

On pourroit aussi faire des chandelles avec du beurre de Cacao, s'il avoit plus de consistance, & s'il étoit moins cher. On a apporté de Cayenne des chandelles fort grasses faites avec un suif végétal qu'on retire des fruits d'une espece de Muscadier nommé *Aouaroussi* : mais cette graisse prend en vieillissant une assez mauvaise odeur; elle n'est jamais d'un beau blanc, & elle est fort grasse. Enfin on a proposé de mêler de la cire avec le suif : je crois bien que les chandelles en seroient meilleures; mais leur prix en seroit beaucoup augmenté.

Des marques qui peuvent faire distinguer les bonnes Chandelles des mauvaises.

IL FAUT prêter beaucoup d'attention à la meche; & quoiqu'on ne puisse en examiner que le lumignon, il faut voir, autant qu'il est possible, si le coton en est blanc & net, s'il est filé fin & également, si tous les fils paroissent bien rassemblés en faisceau, & si les meches ne sont ni trop grosses ni trop menues; car la perfection des meches influe au moins autant que la qualité du suif sur la bonté des chandelles.

Il faut ensuite essayer de connoître si le suif est de bonne qualité : ce qui consiste à être blanc, luisant & sec; il ne doit avoir qu'une légere odeur de suif :

ART DU CHANDELIER.

de suif : les suifs qui sont gras au toucher, qui ont une odeur de corruption ou de grillé, ainsi que ceux qui sont bruns ou jaunâtres, ou qui ont un œil roux, ne valent rien. La superficie des chandelles moulées doit être luisante, & n'être point farineuse ; les chandelles plongées ne sont jamais aussi luisantes que les moulées ; mais elles doivent être presque cylindriques. C'est un défaut à ces sortes de chandelles d'être fort grosses par le bas & très-menues par en-haut. Comme la plupart des chandelles plongées sont fourrées de mauvais suif, qu'on couvre aux dernieres plongées avec du beau suif, il faut rompre une chandelle ; ou enlever avec un couteau une portion du suif de la superficie, de l'épaisseur de deux ou trois lignes, afin d'examiner si le suif intérieur est plus bis & plus gras que celui de dessus.

Pour bien juger de toutes ces choses, il est bon de comparer les chandelles qu'on veut acheter avec d'autres qu'on aura reconnu être de bonne qualité ; mais le plus sûr est d'en faire la comparaison en les allumant. Pour qu'elle soit exacte, il faudra prendre des chandelles de même poids, & sur-tout de même grosseur : il faudra, autant qu'il sera possible, que les meches soient pareilles : on les brûlera dans un même lieu où l'air ne soit point agité : pour comparer la vivacité de leur lumiere, on fera passer la lumiere de l'une & de l'autre par une fente d'un demi-pouce de largeur qu'on fera dans une planche, & qu'on recevra sur un carton blanc à une petite distance l'une de l'autre ; la blancheur des parties éclairées fera juger de la vivacité de la lumiere. Ensuite on divisera par pouces une certaine longueur des chandelles, & celle qui se consumera plus lentement sera réputée être de meilleur suif. On examinera aussi si l'on sera obligé d'en moucher une plus souvent que l'autre : j'ai vu d'excellentes chandelles qui brûloient comme la bougie, & qu'il ne falloit presque pas moucher. Ensuite ne les ayant pas mouchées trop court, on les transportera d'un lieu à un autre, sans trop les agiter, pour connoître si l'une coule plus que l'autre : enfin on les soufflera dans deux chambres séparées ; car il y a des chandelles qui en fumant répandent une très-mauvaise odeur, au lieu que l'odeur des excellentes chandelles est peu déplaisante.

Quelques Particuliers sont depuis peu parvenus à donner une grande perfection à la fabrique des chandelles, & j'en ai vu qui approchoient beaucoup de la bougie ; mais comme j'ignore en quoi consistent les préparations qu'ils ont données au suif, je ne puis dire autre chose, sinon que les meches sont faites d'aussi beau coton que celles des meilleures bougies.

CHANDELIER.   I

EXPLICATION DES FIGURES.

PLANCHE I.

Figure 1. *A*, Séchoir. Le féchoir est ordinairement placé sur une soupente au bout de l'attelier. On y voit des perches *a a* qui sont attachées aux solives avec des cordes, & c'est sur ces perches qu'on étend les graisses sanguinolentes qui sortent de l'animal : il faut que le séchoir soit percé de grandes fenêtres, pour que le vent le traverse de toutes parts.

Figure 2. Hachoir. C'est une forte table de cuisine *C*, sur laquelle on met le suif en branche au sortir du séchoir, & un Garçon Boucher le coupe par morceaux avec un fort couperet *D* qu'on nomme *hachoir*. Il met la graisse ainsi coupée dans une manne *B*, pour la porter à la chaudiere.

Figure 3. Grande chaudiere de cuivre montée sur un fourneau de briques : *E*, les rebords du fourneau sont inclinés vers la chaudiere, pour que le suif qui tombe dessus, coule dans la chaudiere : *G*, trous qu'on pratique sur le rebord pour y mettre du plâtre en poudre, dont les Ouvriers frottent leurs mains pour que la graisse ne les empêche pas de manier leurs instruments : *H*, bouche du fourneau par laquelle on met le feu & le bois : *I*, fourgon pour attiser le feu : *F*, degrés pour élever l'Ouvrier qui travaille à la chaudiere : *M M*, poëles de différentes grandeurs dans lesquelles on laisse rasseoir le suif au sortir de la chaudiere : *O*, chevalet posé sur les bords de la grande poële : *N*, bannatte ou panier dans lequel on verse la graisse fondue pour la séparer des membranes. On voit un Ouvrier qui verse la graisse fondue dans la bannatte avec une grande cuiller *L* qu'on nomme *puiselle* : *P*, pot pour transvaser le suif fondu : *Q*, futaille où on le verse quand on veut le transporter au loin : *S*, moules de bois ou jattes, dans lesquelles on verse le suif fondu.

Figure 4. *V*, Presse dans laquelle on exprime le suif qui reste parmi le marc que la bannatte a retenu : *a a*, les jumelles : *b*, l'arbre de dessous : *c*, la mai dans laquelle se rassemble le suif exprimé, d'où il coule par le gouleau dans la poële *K* : *d*, seau dans lequel on met ce qui sort de la bannatte : *e*, hausses ou rondelles de bois qu'on met sur le marc : *f*, le mouton qui appuie sur les hausses : *g*, la lanterne avec ses fuseaux ; elle sert à faire tourner la vis *h* dans l'écrou *i*. On voit dans la Vignette un Ouvrier qui commence à presser, en engageant un levier dans les fuseaux de la lanterne. Pour augmenter la pression, on roule un cable sur la lanterne, & on établit un treuil vertical vis-à-vis la presse ; mais cela n'est pas représenté.

Au-dessous de la Vignette qui représente l'attelier en entier, on voit en

ART DU CHANDELIER.

L (*fig. 5*) les puifelles de différentes formes & grandeurs; ce font de grandes cuillers de cuivre qui fervent à tranfvafer le fuif.

Figure 6. Les jattes *s*, ou moules de bois dans lefquels on verfe le fuif fondu, pour en former des pains, qu'on nomme *mefures*.

Figure 7. *R*, Ecuelle qui fert à verfer le fuif dans les moules.

Figure 8. Couteau courbe pour gratter le fuif figé par-tout où il fe rencontre.

Figure 9. *D*, hachoir qui fert à couper le fuif en branche.

Figure 10. Coupe verticale de la grande chaudiere, *fig. 3*) : *E*, la chaudiere de cuivre dont le fond eft comme un œuf : *ab*, maçonnerie qui forme le fourneau : *c*, la fournaife : *d*, rebords de la maçonnerie qui s'inclinent vers la chaudiere : *K*, tuyau pour la fumée : *F*, degrés pour élever l'Ouvrier.

Figure 11. Coupe horizontale du fourneau (*fig. 3*) : *E*, la chaudiere : *d*, rebords de maçonnerie : *H*, bouche du fourneau par laquelle on met le bois : *K*, tuyau pour l'iffue de la fumée : *F*, degrés pour élever l'Ouvrier.

Figure 13. La preffe *V* (*fig. 4*) repréfentée plus en grand, & vue de face : *aa*, les jumelles : *bb*, l'arbre de deffous qui porte la mai; comme il doit réfifter à la preffion, on le fait de bon bois & fort : *cc*, la mai qui eft une forte piece de bois affez étendue pour recevoir le feau, & même l'excéder de toutes parts de plufieurs pouces. Elle eft creufée afin qu'elle ait des rebords qui arrêtent le fuif qui coule par les trous du feau. Elle a une anche ou goulou *l*. *K*, eft une poële de cuivre qui eft deftinée à recevoir le fuif qui coule de la mai par l'anche *l* : *dd*, le feau; il eft formé intérieurement par deux pieces *ll* (*figure 14*) de fer battu, creufées en gouttiere alternativement. Il y a des bandes *o* percées de trous, & d'autres *p* qui font pleines. Ces deux gouttieres font pofées à côté l'une de l'autre, pour former un cylindre creux *ll* : de plus, poftérieurement *r*, & par devant *s*, il y a des endentes qui engraînent les unes dans les autres. Cette cage cylindrique de fer battu ne pourroit pas réfifter à l'effort de la preffion, fi elle n'étoit pas fortifiée par des frettes de fer forgé *s* (*figure 15*) qui la foutiennent vis-à-vis toutes les zones où il n'y a point de trous. Elles fe joignent à charniere, & font enfilées par des broches de fer : mais la broche *s* (*fig. 16*) de la partie poftérieure du feau (*fig. 4 & 13*) ne devant point fortir de fa place, elle eft rivée, au lieu que la broche *x* qui eft à la partie antérieure, eft terminée en haut par un anneau *l*. Quand on a preffé le fuif & remonté la vis, on tire la broche *x* par l'anneau *l*; & les frettes de fer forgé, ainfi que la cage cylindrique de fer battu, s'ouvrent en tournant fur les charnieres qui font à la partie *s* de la cage, & *u* des frettes, ce qui donne la facilité de retirer le creton & les hauffes *e* (*fig. 4*) ou *ee*, (*fig. 13*) : ce font des rondelles de bois qu'on met les unes fur les autres, pour remplir le feau à mefure que, par la preffion, le marc s'affaiffe & perd de fon volume : *ff*, eft le mouton;

il est formé par une forte piece de bois, dont les extrémités étant reçues dans une grande rainure qui est dans les jumelles, peut monter ou descendre, étant emportée par la vis : *gg* est une lanterne assez grande & forte, qui sert à faire tourner la vis : *h* est la vis qui serve d'autant plus que les pas en sont plus fins ; ceux de la figure 13 sont représentés trop gros : *ii* est une forte piece de bois dans laquelle est creusé l'écrou ; elle est assemblée par un enfourchement, & boulonnée sur les jumelles.

PLANCHE II.

Figure 1. Un devidoir ordinaire, que les Chandeliers nomment *Tournette aux pelottes*.

Figure 2 & 7. Couteau à meche : *aa*, les pieds de la table : *bb*, le dessus de la table : *c*, traverse qui assujettit les pieds : *d*, lame du couteau dont le tranchant regarde le côté *b* de la table : *e*, broche de fer qui s'éleve, ainsi que la lame, perpendiculairement sur la table : *f*, piece à coulisse qui sert à éloigner ou à approcher la broche *e* de la lame *d*, suivant la longueur qu'on doit donner aux meches : *h*, bouton qui sert à faire mouvoir la piece à coulisse ; on le nomme le nœud : *i*, boulon à vis qui sert à assujettir la piece à coulisse ; la tête de ce boulon est souvent sous la piece à coulisse : *l*, paquet de meches coupées qu'on nomme *brochée*, parce qu'à chaque paquet, il y a la quantité de meches qu'il faut pour garnir une broche ou baguette. A, le panier aux pelottes posé sur son escabeau.

Figure 3 & 8. Dépeçoir : *aa*, la table à dépecer : le derriere & les côtés sont garnis de rebords *bbb* : *c*, pain de suif qu'on coupe par morceaux, ou qu'on dépece : *d*, couteau à dépecer, ou dépeçoir. On voit en *e* (*fig.* 8) la charniere qui le joint à la table ; & en *f* son manche que l'Ouvrier tient, comme on le voit (*fig.* 3) : mais souvent il manie le couteau d'une main, & il présente le suif de l'autre. Quelquefois, au lieu de la charniere du dépeçoir, il y a au bout de la lame un crochet qui entre dans un anneau qui tient à la table : *g*, est le panier où il met le suif dépecé.

Figure 4. D, est une cheminée à hotte, sous laquelle on fait fondre le suif : *a*, la poële portée par un trépied *b* : *c*, est le couvercle de la poële ; une poële qui contient 100 livres de suif, a deux pieds de diametre sur 13 pouces de hauteur. Voyez (*fig.* 24) la figure des bords de ces poëles.

Figure 5, 9, 10 & 11. Moule à plonger. Le moule à plonger ou l'abîme (*fig.* 5 & 11) est un vase de bois de figure prismatique, qui doit être assez exactement joint pour contenir le suif fondu : *a* (*figur.* 5, 9 & 11) en représente un des grands côtés ; ils se nomment les *joues du moule* ; elles s'éloignent l'une de l'autre par le haut : *b* (*figures* 5, 10 & 11) représente l'ouverture du moule : *d*, les petits côtés qui sont triangulaires, & qu'on nomme

les

ART DU CHANDELIER.

les *têtes du moule*; ils s'élevent à plomb. Il y a à chaque tête une poignée de bois qui sert à transporter commodément le moule : *e* représente le pied ou sabot du moule qui est formée par un forte piece de bois bordée d'une moulure en forme de doucine, afin que le suif qui tombe dessus, coule dans l'auge de la tablette. La *Figure* 10 représente une coupe perpendiculaire à la longueur du moule, pour faire voir sa forme tant intérieure qu'extérieure : *c*, la tablette du moule ; c'est une espece de banquette faite d'un assemblage de menuiserie. On voit dans la figure 10 que les bords en sont relevés, pour que le suif qui se répand se rende dans une gouttiere qui regne tout autour du moule ; s'il se renversoit beaucoup de suif, il couleroit par l'extrémité *f* (*fig*. 11 & 5), dans un vase qu'on y met pour le recevoir.

Figure 12, est un couvercle qu'on met sur le moule, pour empêcher qu'il ne tombe d'ordure dans le suif fondu.

Figures 6, 13, 14, 15 & 16. Rogne-cul : il est composé d'un pied de menuiserie (*fig*. 13). Sur le fond *f*, on met une cage de tôle quarrée *c* (*fig*. 6, 15 & 16), dans laquelle on place le feu : un chassis *g* (*fig*. 6, 15 & 16) porte une platine de cuivre *a b* dont les bords sont relevés, & qui porte un gouleau du côté *b*. C'est sur cette platine échauffée par le feu qui est dans la cage de tôle *c*, qu'on pose l'extrémité inférieure des chandelles, ainsi qu'on le voit dans la figure 6. Ordinairement, au lieu de tenir la baguette comme il est représenté, le Chandelier en repose un nombre sur le plat de ses deux mains. La *Figure* 14 représente une espece d'entonnoir ou trémie de bois *e e*, qu'on pose sur les bords du pied *h h* (*fig*. 13), pour garantir de l'action du feu le corps des chandelles. On voit (*fig*. 6 & 16) un vase *d* qui est destiné à recevoir le suif fondu qui coule de dessus la platine *a b*. La hauteur du rogne-cul, depuis la terre jusqu'au bord de la trémie, est de trois pieds.

Figure 17 représente une broche à chandelle chargée de 16 meches plongées ou plongées une fois pour des chandelles des huit à la livre. On voit comme elles y sont arrangées : ces broches ont deux pieds six pouces de longueur.

Figure 18 représente la même broche & les mêmes meches qui sont plus chargées de suif, ayant été retournées & remises.

Figure 19 représente la même broche & les mêmes meches, qui, ayant été plongées un plus grand nombre de fois, sont plus chargées de suif.

Figure 20 représente les mêmes chandelles achevées & colletées.

Figures 21 & 22 représentent des établis qui sont formés par un assemblage de menuiserie. Les traverses *a a* servent à supporter les broches ou baguettes par leur extrémité : *b b* est l'égouttoir ou une auge de bois qu'on place au-dessous de l'établi. A la figure 21, l'étage le plus haut n'est pas garni de chandelles, comme il l'est à la figure 22.

Figure 23 représente des aions ou des chandelles en étalage : & au bas une table pour faire les paquets.

Figure 25, une poële semblable à *a* (*fig.* 4), pour faire voir comment en sont formés les bords.

PLANCHE III.

Figure 1, *a*, chaudiere pour fondre le suif, montée sur un fourneau de brique : *b*, la tinette ou la caque de bois cerclée de fer, élevée sur un escabeau, pour qu'on puisse placer sous le robinet *c* la burette *d* & le jalot *e*, pour recevoir le suif qui pourroit se perdre en remplissant la burette : *f*, un gradin pour élever l'Ouvrier, afin qu'il puisse puiser avec le pot à suif *g* (*fig.* 5), le suif de la chaudiere, pour le verser sur le tamis *h*.

Figure 2, un panier pour transporter le suif dépecé à la chaudiere.

Figure 3, quatre tables à moules : *a*, le dessus des tables où les moules sont rangés sur trois files : *b*, Ouvrier qui jette des chandelles en moules avec la burette qu'il a remplie de suif fondu au robinet de la tinette : *c*, la longueur des moules qu'on voit par le dessous de la table : *d*, madriers verticaux qui forment les pieds des tables : *e*, fortes semelles de bois qui soutiennent les pieds & qui forment comme des socs : *f*, auges ou égouttoirs qui sont destinés à recevoir le suif qui tomberoit par quelque accident de dessus les tables.

Figure 4, burette pour jetter les chandelles ; elle a une anse *a* par laquelle on la porte, un gouleau *b* qui prend d'en-bas, & qui s'éleve obliquement jusqu'à la hauteur de ce vaisseau ; ce gouleau est commode pour remplir les moules : *c*, le corps de la burette : il est bon que l'ouverture *d* soit un peu diminuée du côté de *d*, pour empêcher que le suif ne se renverse quand on jette.

Figure 5, pot à suif : c'est une jatte de cuivre *g* qui a une anse *a* ; son usage est de tirer le suif fondu de la poële ou de la chaudiere, pour le verser dans la tinette, comme on le voit (*fig.* 1).

Figure 6 sert à indiquer comment on ajoute un anneau de fil au bout de la meche : *a*, penne ou bout de fil de trois à quatre pouces de longueur ; ses deux bouts étant réunis par un nœud *o* n à l'anneau *b*, *c* indique comment on le replie pour former les deux anses *d e*, dans lesquelles on passe l'extrémité de la meche, comme on le voit en *f* ; & en serrant le nœud coulant, la meche se trouve terminée par une anse de fil ; ce qui est représenté en *g* : d'autres Chandeliers agissent autrement, ils plient en deux l'anneau *b*, comme on le voit en *h* ; & en le passant ainsi plié dans l'anse de la meche *k*, ils ont les deux anneaux *i l*, dans lesquels passe le crochet du culot : *m*, caisse de bois dans laquelle on met les pennes ou bouts de fils coupés.

ART DU CHANDELIER.

Figure 7 repréfente un moule à chandelles : *aa*, la tige : *b*, le colet : *d*, renflement de la tige qui doit recevoir la partie *c* du culot. Cette partie *c* fait comme la douille d'un entonnoir : *e* en eft la partie évafée ou le pavillon.

Figure 8 repréfente la même chofe, avec cette différence que le culot *e* eft mis en place fur la tige : on ne voit point fon tuyau *c* (*fig.* 7), parce qu'il entre dans l'évafement *d* de la tige.

Figure 9 repréfente l'aiguille qui fert à paffer la meche dans le moule : *bb*, la longueur de l'aiguille : *cc*, la longueur de la meche. On voit en *a* le crochet de l'aiguille où eft paffé l'anneau de fil qu'on attache au bas de la meche : au bout *b* qui eft ici en bas, l'aiguille eft ordinairement recourbée pour former un demi-anneau qui embraffe le doigt index ; mais on n'a pas pu repréfenter toute la longueur de l'aiguille.

Figure 10 eft une coupe longitudinale de la figure 8, pour faire voir d'abord comment le tuyau *c* du culot *e* entre dans l'évafement *d* de la tige *a*, & encore comment la meche eft tendue dans l'axe du moule : *g*, le lumignon ou l'anfe de la meche qui paffe par le trou du colet *b* : *hh*, la meche placée dans l'axe du moule : *i*, l'anfe de fil qu'on attache à la meche, & qui paffe dans le crochet *f* du culot : l'efpace *kk* eft rempli par le fuif qui forme la chandelle.

Figure 11. Quand le fuif eft refroidi, on tire la chandelle du moule, en élevant le culot ; c'eft ce qu'on a repréfenté par la figure 11 : *aa*, la chandelle : *b*, fon colet : *g*, fon lumignon : *c*, le tuyau ou la douille du culot : *e*, l'évafement ou le pavillon du culot : on a fuppofé la chandelle rompue au ras de la douille du culot.

Figure 12 repréfente un moule pour faire ces chandelles cannelées qu'on nomme *chandelles des Rois* : *e*, le pavillon ou l'évafement du culot : *c*, le tuyau ou la douille du culot : *f*, la lame de fer triangulaire qui porte le crochet qui doit foutenir la meche. Il faut remarquer ici que le crochet eft fupporté par un triangle de métal, qui eft foudé à l'intérieur du pavillon *e* du culot ; à la figure 10, le crochet eft à l'extrémité d'une broche recourbée. *aa*, Tige du moule : on l'a ouvert dans la moitié de fa longueur, pour faire voir comment le moule eft relevé en dedans d'arrêtes qui forment les cannelures : *b*, le colet : *d*, l'évafement de la tige pour recevoir la partie *c* du culot. Ces chandelles font ordinairement fort longues ; mais on a raccourci le moule pour le faire tenir dans la planche.

Figure 13, une chandelle cannelée tirée du moule.

Figure 14 eft deftinée à faire voir comment les moules font placés fur leur table : *a*, une portion du deffus de la table : *ab*, l'épaiffeur de cette table. Les lignes ponctuées marquent les trous qui font faits dans cette table pour recevoir les moules. On voit que les tiges *c* entrent dans ces trous, fans réfiftance, jufqu'au renflement *d* qui repofe fur la table.

Figure 15, une terrine : la meche *a* qui est d'étoupe imbibée de suif & de térébenthine, est retenue au fond de la terrine par une petite motte de glaise. On remplit ces terrines avec du petit suif presque pur : il se consume assez vite ; mais il répand une lumiere vive.

Figure 16, lampions : ils sont faits de fer blanc, & il y en a de différentes formes : *a*, godet du lampion : *b*, queue par laquelle on attache le lampion. On voit au milieu du godet une meche, qui est un bout de bougie, dite *Rat de cave*, qui est retenue par une pointe soudée au fond du godet.

EXPLICATION
De quelques Termes propres à l'Art du Chandelier.

A

ABISME. Voyez *Moule*.

ACHEVER, c'est faire l'avant-derniere plongée.

AIGUILLE A MECHE, est un fil de fer qui porte à un de ses bouts un crochet. Son usage est d'enfiler la meche dans les moules à chandelles.

AIONS. Endroits où les Chandeliers pendent leurs chandelles dans leurs boutiques.

B

BÉCHEVETER. Ce terme est en usage dans plusieurs Arts : c'est mettre soit des chandelles, soit des fagots, des bottes de paille, &c, moitié dans un sens, & moitié dans un autre ; c'est-à-dire, *bout pour bout* : ainsi dans un paquet de douze chandelles, les meches de six chandelles répondent à l'extrémité opposée des six autres.

BOULÉE. Crasse du suif qui se précipite au fond des vases remplis de suif fondu.

BROCHE. Les Chandeliers appellent *Broche à chandelle* ce qu'on nomme communément *Baguette* : c'est effectivement une baguette grosse comme le petit doigt, & de deux pieds & demi de longueur, qui porte les meches des chandelles plongées.

Le couteau à meche porte aussi une broche de fer qui s'eleve verticalement, & qui sert à former l'anse de la meche.

C

CAQUE ou TINETTE : c'est un baquet de bois cerclé de fer, dans lequel on laisse se reposer & se rasseoir le suif fondu qui est destiné pour les chandelles moulées.

CHANDELLE. Cylindre de suif dans l'axe duquel est une meche de coton qu'on allume pour s'éclairer.

On distingue les chandelles d'abord en moulées & en plongées, qu'on nomme aussi *à la broche* ou *à la baguette*. Les unes & les autres se distinguent encore par le nombre qu'il en faut pour former une livre : il y en a des quatre, des six, des huit, &c. Les différentes chandelles se distinguent encore par l'usage le plus commun qu'on en fait : ainsi on dit *des chandelles de Cordonnier, de Savetier, de Brodeur, de Carrier, de veille*, &c. Les chandelles qu'on nomme *des Rois*, sont cannelées.

COLLET. S'il s'agit d'une chandelle, c'est la partie qui est tout auprès du lumignon ; s'il s'agit des moules, c'est la partie conique qui est opposée au culot, & qui forme le collet de la chandelle.

COLLETER ou COMBLER, c'est donner la derniere plongée aux chandelles à la broche.

COUTEAU A MECHE, coupoir ou banc à couper les meches. C'est un instrument avec lequel on coupe les meches de la longueur qu'on veut.

CRETON. Ce sont des pains formés par les membranes dont on a retiré le suif par la presse. On en nourrit les chiens & la volaille.

CULOT. Sorte d'entonnoir qui fait partie des moules à chandelle.

D

DÉPECER le suif, c'est couper les pains de suif par morceaux avec un couteau à charniere, sur une table qu'on nomme *à dépecer*.

ART DU CHANDELIER.

E

ÉTABLI : c'est un bâtis de Menuiserie qui porte des traverses sur lesquelles on pose les baguettes chargées de chandelles au sortir du moule, pour que le suif se refroidisse, ou, comme disent les Chandeliers, *s'essore*.

G

GLACER *la boulée* ; c'est la faire fondre pour en retirer le bon suif, qui se portant à la superficie, y forme comme une glace.

H

HACHOIR. Grand couteau ou couperet qui sert à couper par petits morceaux le suif en branche.

J

JATTE. Vase de bois où les Bouchers jettent leur suif fondu.

L

LANGUETTE. Morceau de cuivre qui est soudé dans le culot des moules : son extrémité forme un crochet qui soutient les meches dans l'axe du moule.

M

MECHE. Faisceau de fils de coton qui est dans l'axe de la chandelle, & qui sert à entretenir le feu.

MESURE. Voyez *Jatte*.

METTRE PRÉS, est une des dernieres plongées.

MOULE. Les Chandeliers donnent très-à-propos ce nom à des tuyaux de métal dans lesquels on verse le suif pour faire les chandelles moulées.

Ils appellent aussi *moule* une auge de bois qu'on remplit de suif, pour faire les chandelles plongées ; mais ce nom est impropre, puisqu'un réservoir ne peut être un moule : c'est pourquoi nous avons souvent employé le terme d'*Abîme*, qu'on donnoit autrefois à ce vaisseau.

P

PENNES. Bouts de fils que les Tisserands coupent à l'extrémité de leurs pieces de toile. Les Chandeliers les achetent à bon marché, pour faire une anse de fil au bout des meches de leurs chandelles moulées, ou pour lier par paquets d'une livre les petites chandelles.

PETIT SUIF, OU SUIF DE TRIPES : c'est la graisse qui se fige sur le bouillon où l'on a fait cuire des tripes.

PLONGER. Tremper les meches ou les chandelles commencées dans du suif fondu : les Ouvriers disent *plinger*.

PLONGEURE, ou PLINGEURE, c'est la premiere plongée ou plingée.

POELE. Grande chaudiere de cuivre : on n'emploie le terme de *chaudieres* que pour celles dans laquelle les Bouchers font fondre leurs graisses ; ou quand elles sont montées sur un fourneau de maçonnerie.

PRESSE. Sorte de pressoir pour exprimer le suif qui reste engagé dans les membranes, & le séparer du creton.

PUISELLES. Grandes cuillers qui ont un long manche de bois : elles servent à transvaser le suif d'un vaisseau dans un autre.

R

RATIS. Graisse qu'on retire des intestins : ce mot vient, je crois, de ce qu'on ratisse les intestins pour avoir cette graisse.

REMISE : c'est ainsi qu'on nomme la troisieme plongée.

RETOURNURE : c'est la seconde plongée.

ROGNOIR ou ROGNE-CUL. Fourneau qui sert à retrancher au bas des chandelles le suif qui excede la meche, & à applatir cette partie.

S

SABOT. Socle ou pied de l'abîme qu'on nomme communément *le moule*, & qui est une auge prismatique qu'on remplit de suif.

SAIN. Graisse des intestins du Cochon, qu'il est défendu de faire entrer dans le suif.

SUIF. Graisse fondue & dépurée : néanmoins on appelle *Suif en branche* la graisse renfermée dans ses membranes, & qu'on a exposée à l'air, pour dessécher le sang & la lymphe.

SUIF DE TRIPES. Voyez *Petit suif*.

T

TABLE A MOULES. Forte table percée de trous dans lesquels on passe les moules.

TREMPE est synonyme de *plongée*.

ADDITIONS.

On m'a assuré qu'en Italie on jettoit les chandelles dans des moules de cryftal, & que la superficie de ces chandelles en étoit bien plus unie.

La plus belle chandelle moulée que j'aye vu, vient de Bernay en Normandie, fabriquée par le sieur HUBERT DES COURS.

FIN DE L'ART DU CHANDELIER.

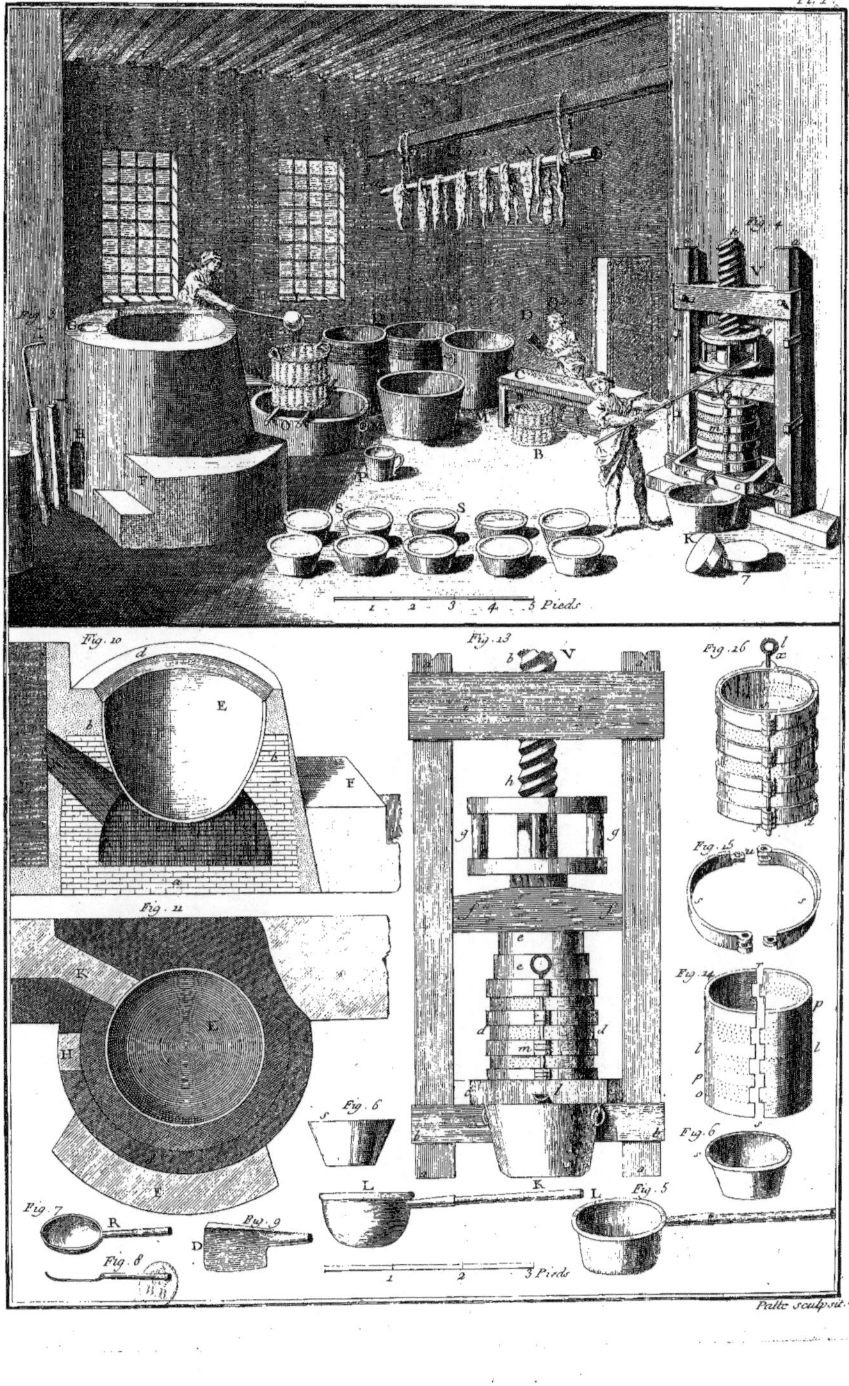

Chandelier Pl. II

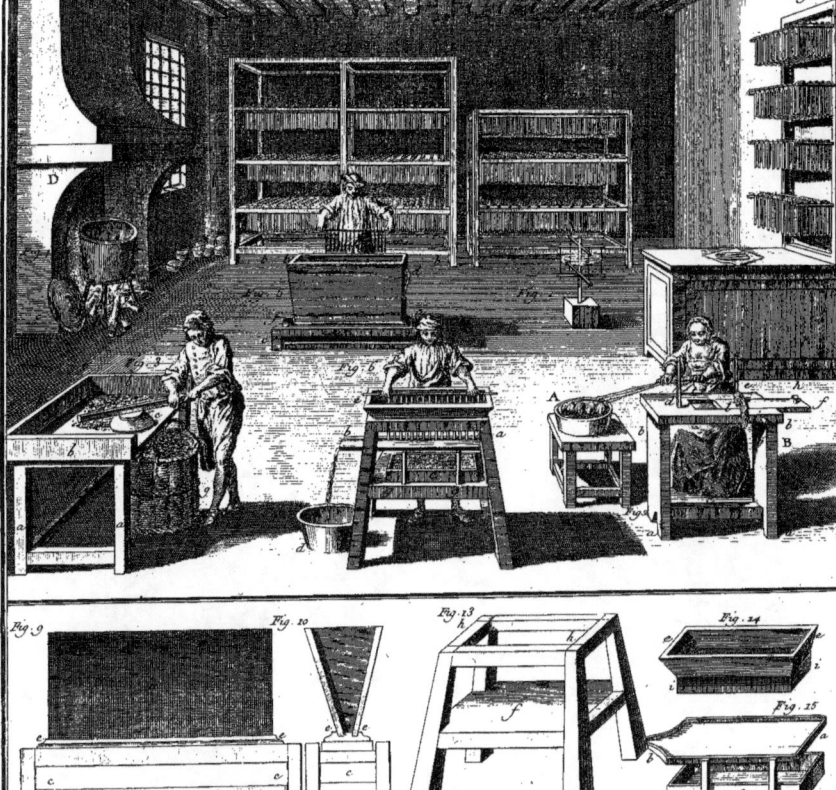

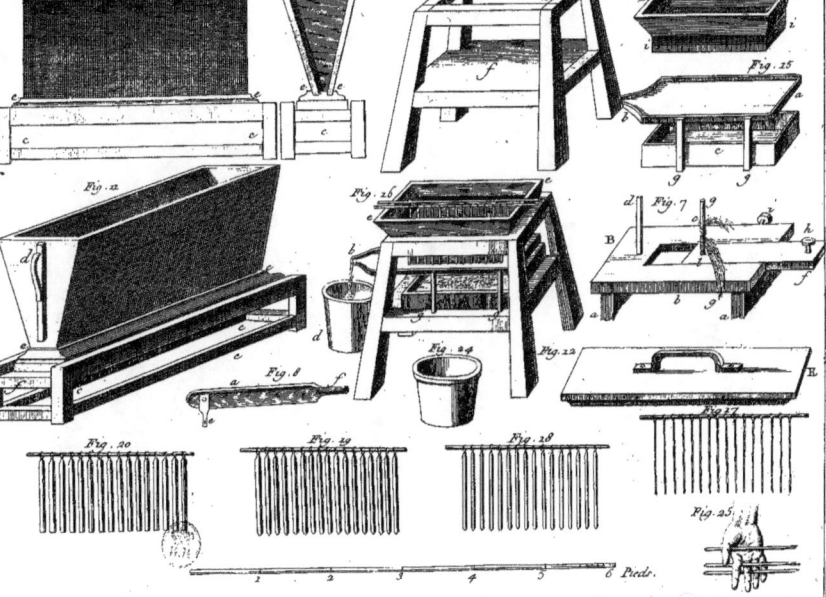

Patte sc.

www.ingramcontent.com/pod-product-compliance
Lightning Source LLC
LaVergne TN
LVHW021701080426
835510LV00011B/1520